21 histórias de estudantes que mudaram a escola

Cinthia Rodrigues
Luciana Alvarez

Ilustrações de Fernanda Ozilak

Saíra
EDITORIAL

São Paulo
2024

Copyright © 2021 by Cinthia Rodrigues e Luciana Alvarez

1ª edição, 2ª impressão

TEXTO Cinthia Rodrigues e Luciana Alvarez
ILUSTRAÇÃO E CAPA Fernanda Ozilak
PROJETO GRÁFICO E DIAGRAMAÇÃO Fernanda Ozilak
REVISÃO Felipe Augusto Neves Silva
ASSESSORIA EDITORIAL Saíra Editorial

Dados Internacionais de Catalogação na Publicação (CIP) de acordo com ISBD

R696v	Rodrigues, Cinthia	
	21 histórias de estudantes que mudaram a escola / Cinthia Rodrigues, Luciana Alvarez ; ilustrado por Fernanda Ozilak. - São Paulo : Quero na Escola, 2021.	
	104 p. : il. ; 14,8cm x 21cm. ISBN: 978-65-86236-25-5	
	1. Educação. 2. Estudantes. 3. Escola. 4. Transformação. I. Alvarez, Luciana. II. Ozilak, Fernanda. III. Título.	
2021-1246		CDD 370 CDU 37

Elaborado por Vagner Rodolfo da Silva - CRB-8/9410

Índice para catálogo sistemático:
1. Educação 370
2. Educação 37

2024
Todos os direitos desta edição reservados à
ASSOCIAÇÃO QUERO NA ESCOLA
www.queronaescola.com.br
parceria@queronaescola.com.br

Às nossas mães, pelo exemplo.
E aos nossos filhos, pela inspiração.

SUMÁRIO

Introdução 11

Completou os estudos depois de ficar cega
Dorina Gouveia Nowill 14

Abriu as escolas para crianças com HIV
Nkosi Johnson 18

Desafiou terroristas para continuar na escola
Malala Yousafzai 22

Construiu uma escola para refugiados sírios
Mohamad Al Jounde 26

Enfrentou o ódio de uma multidão racista
Elizabeth Eckford 30

Levou o transgênero ao palco da escola
Sara Wagner 34

Ensinou espanhol para integrar imigrantes
Thais Jaimes Lopez 38

Fez na escola um levante de valorização indígena
Juliana dos Santos Santana / Amanayara Tupinambá 42

Liberou cabelo afro nas escolas
Zulaikha Patel 46

Noticiou os problemas da sua escola
Isadora Faber 50

Evitou o fechamento de escolas
Giovanna Fernandes Silva 54

Provocaram a renovação das leis do país
Ayélen Salgado e Víctor Chanfrau 58

Tornou sua escola mais democrática
Rozana Barroso 62

Denunciou tratamento desigual a escolas
Alliyah Logan 66

Reduziram o abandono em sua escola
Alicy Neres e Liliane Araújo 70

Conseguiu absorventes para estudantes
Amika George 74

Tornaram o xadrez ferramenta da escola
Jefferson, Leonardo, Rodrigo e Rogerio 78

Deixou de ir à escola para protestar
Greta Thunberg 82

Conseguiram a retirada do amianto de escolas
Afonso Gageiro, Sofia Ferreira e Matilde Gonçalves 86

Ajudou professores no ensino remoto
Elmar Ismagilov 90

Levou voluntários, música e livros à escola
Álvaro Samuel 94

Conte sua história 98

Quem somos 100

INTRODUÇÃO

Se você perguntar às pessoas o que faz uma boa escola, a maioria vai dizer que são os professores. Talvez alguns digam que também depende das políticas públicas, da comunidade, de uma didática inovadora ou até de um bom espaço físico e de tecnologias. Raramente alguém se lembra do que mais existe na escola: estudantes. Será que eles são sujeitos passivos, que entram e saem das escolas sem transformá-las? A resposta é NÃO. Algumas vezes, porém, até os estudantes podem duvidar desse potencial, talvez por falta de exemplos concretos.

Esta obra foca inteiramente nas histórias dos estudantes que mudaram suas escolas. A narrativa é a dos atos deles. A maioria dos textos foi escrita com base em entrevistas com os protagonistas e em pesquisas paralelas. Em alguns casos, os textos foram construídos tomando por base livros, artigos e palestras de autoria dos estudantes. Inspiradas nos movimentos negro e feminista, acreditamos que representatividade importa. É preciso dar ao protagonismo estudantil inspiração de pessoas que, no mesmo papel, conseguiram melhorar suas escolas ou mesmo todo o sistema de educação.

Alguns personagens são mundialmente famosos; outros são pouco conhecidos. Metade dos exemplos são de brasileiros e o restante, de outros países. Há mudanças grandes e pequenas, mas sempre pertinentes. Afinal, quem melhor do que os estudantes para pautar as causas mais significativas para eles mesmos?

Nós acreditamos nisso bem antes de este livro nascer. Em 2015, fundamos o projeto *Quero na Escola*, em que o protagonismo dos estudantes sempre foi o ponto de partida. A partir da escuta sobre o que mais querem aprender, movimentamos milhares de pessoas para atendê-los e realizar atividades em centenas de escolas – porém, nem em todas. Alguns estudantes chegam a enviar pedidos, mas desistem diante da resistência da gestão da escola. Foram esses os que nos moveram. Queremos que saibam que há estudantes que enfrentaram diferentes dificuldades e conseguiram proezas emocionantes.

É claro que ninguém faz nada sozinho. Todos esses estudantes tiveram ajudas fundamentais para seus feitos. Educadores que acreditaram em suas demandas, familiares que enfrentaram o sistema ao seu lado, bravos e muitos colegas e até mesmo voluntários, ativistas e imprensa. Isso também traz um lembrete importante: quando os jovens lutam por causas legítimas, toda a sociedade se move com eles.

Nossa pesquisa começou antes da pandemia de Covid, mas a maior parte do trabalho foi feita durante esse tempo duro. Embora as restrições de encontros e deslocamentos tenham representado dificuldades a mais, conhecer tantas pessoas maravilhosas nos ajudou pessoalmente a atravessar o ano de 2020 com esperança – aquela do verbo "esperançar", a que se refere Paulo Freire. Desejamos que o livro possa ter efeito semelhante para quem o lê: que seja inspiração mesmo em momentos difíceis.

*"Foi nessa época que se estabeleceram as bases de todo o trabalho que eu viria a desenvolver. Foi nessa época que tudo nasceu"**

COMPLETOU OS ESTUDOS DEPOIS DE FICAR CEGA

Dorina Gouveia Nowill
São Paulo, SP, Brasil — 1944

Aos 17 anos, Dorina Gouveia era uma típica adolescente – ou seja, a escola e as amigas eram o centro do seu mundo. Um domingo comum, na saída da missa, a ponta do chapéu de uma conhecida pegou seu olho. O que era um pequeno acidente acabou se complicando e, dois meses depois, ela não enxergava mais nada. A jovem pensou que jamais voltaria a estudar. Era 1936 e, naquela época, nenhum cego frequentava a escola regular no Brasil.

Por seis anos, Dorina se entregou a tratamentos, cirurgias e repousos na esperança de recuperar a visão. Depois de tudo fracassar, admitiu que jamais voltaria a enxergar e começou a aprender o braille, sistema de escrita em relevo, inventado um século antes, para quem não pode ver.

Como havia diferentes teorias para sua cegueira, médicos e cientistas continuavam se aproximando dela com curiosidade. Um deles tinha uma filha que trabalhava como inspetora de alunos na escola Caetano de Campos, a mais tradicional da cidade de São Paulo. A jovem ficou impressionada com Dorina e com o jeito como conseguia ler com os dedos. Ficaram amigas.

Inspirada por Dorina, a inspetora colocou avisos em braille na biblioteca da escola e a chamou para conhecer. A visita foi acompanhada pela diretora. Dorina demonstrou tanto interesse que acabou convidada para voltar todos os dias e frequentar a sala de primeiro

*Em seu livro *"E mesmo assim eu venci"*.

ano do curso Normal, que era o Ensino Médio voltado para a formação de professoras primárias.

Entre o susto e a empolgação, resolveu tentar. Alguns dirigentes acharam impossível dar certo. Como uma cega poderia dar aulas? A jovem argumentou que situações desfavoráveis existiam para todos – e conseguiu uma chance.

Para ler o conteúdo da lousa, ou mesmo para ir ao colégio e voltar, ela precisava de ajuda. Foi assim que várias estudantes começaram a aprender sobre as necessidades dos cegos. Uma delas ficou encarregada de ajudá-la no trajeto para casa; outras a acompanharam quando foi chamada para uma entrevista na rádio. Com saídas criativas, elas conseguiam realizar todas as tarefas.

No terceiro e último ano, Dorina propôs à professora que fizessem trabalhos finais e estágios sobre métodos de ensino para cegos. Não havia nada por escrito sobre o assunto no Brasil e elas começaram do zero. Um grupo de oito jovens aprendeu braille, criou cartilhas próprias e fez pesquisas com crianças em instituições para deficientes visuais.

Elas ultrapassaram tantos obstáculos, que começaram a desafiar outros limites. Foram, por exemplo, as primeiras estudantes mulheres do colégio a fazer uma excursão escolar para outro estado. Foram juntas de trem visitar um instituto de cegos em Minas Gerais.

Dorina começou a pensar em como todo aquele aprendizado seria aproveitado no futuro e pediu à diretora que a ajudasse a conseguir o reconhecimento do método de ensino que desenvolveram. A gestora disse que não seria fácil, mas que ela era "suficientemente doida" para tentar. Foram marcadas provas práticas para todas as futuras professoras e, assim, surgiu o primeiro curso de especialização em cegos da América Latina.

Em 1946, depois de se formarem, Dorina, sua amiga mais próxima e a inspetora que tanto a ajudou receberam uma bolsa do governo dos Estados Unidos para estudar na Universidade de Columbia. Nesse mesmo ano, com o fim da Segunda Guerra Mundial, sua mãe e outras voluntárias da Cruz Vermelha não tinham mais de costurar uniformes para os combatentes e começaram a traduzir livros para braille.

No exterior, as três aprimoraram suas técnicas e fizeram amizade com outras personalidades, como Hellen Keller, a autora surdo-cega mais famosa da história. O grupo também conseguiu financiamento para a primeira prensa de braille de grande porte no Brasil. Quando voltou, Dorina presidiu fundações, ocupou cargos públicos e conseguiu incluir a educação para pessoas com deficiência visual na Constituição. Se antes dela cegos não sonhavam em estudar normalmente, depois dela passaram a ter esse direito garantido.

Inclusão

No Brasil, há meio milhão de pessoas que não enxergam e outros 6 milhões com baixa visão permanente. Entre estes, 20% são crianças e adolescentes na fase escolar. Eles têm direito a inclusão em escola comum. Além do braille, atualmente computadores e métodos auditivos facilitam a integração. Esses estudantes também devem ter acesso a salas de recursos especiais em horário diferente do da escola.

"Aceitem-nos – somos todos seres humanos. Somos normais. Temos mãos, temos pés. Podemos andar, podemos falar, temos necessidades como todo mundo. Não tenham medo de nós – somos todos iguais"*

ABRIU AS ESCOLAS PARA CRIANÇAS COM HIV

Nkosi Johnson
Joanesburgo, África do Sul — 1997

A mãe de Nkosi Johnson estranhou quando viu seu filho ao nascer: ele era pequeno demais, frágil demais. Saiu de sua pequena vila na África do Sul em busca de atendimento médico na capital do país, Joanesburgo. Os médicos logo descobriram o problema. A mulher e a criança carregavam no sangue o vírus HIV, que provoca a Aids. Até hoje a doença não tem cura, mas na época era um grande tabu – ninguém queria falar sobre ela.

Em pouco tempo, a mãe de Nkosi ficou tão doente que não podia mais cuidar do filho. Aos dois anos, ele acabou sendo adotado por uma voluntária de um abrigo para pessoas com a Aids.

Apesar da luta constante contra sua doença, apesar de se ver longe da mãe biológica desde cedo, Nkosi queria viver o mais perto do normal possível. Sabia que sua vida seria breve, mas desejava que fosse completa. Como qualquer criança, ele queria ir para a escola.

Quando Nkosi completou 8 anos, sua mãe adotiva o matriculou em uma escola de Joanesburgo. Na hora de preencher a ficha médica, indicaram que o menino tinha Aids, pois nunca pretenderam esconder sua condição de saúde. A escola, contudo, não foi tão aberta quanto a família esperava.

A direção convocou uma reunião com professores e outros pais e abriu votação para decidir se deveriam ou não aceitar Nkosi.

---

*Em discurso durante a Conferência Internacional de Aids em 2000.

As opiniões ficaram divididas meio a meio. Sem o aval da maioria, a direção vetou a matrícula.

Nkosi, contudo, não aceitou a resposta. Com o apoio de sua mãe, ele foi a público denunciar a exclusão e entrou na justiça. Deu entrevistas a vários jornais e falou com governantes. Numa época em que as pessoas com Aids tinham vergonha de sua condição, o menino de 8 anos foi o porta-voz de todos os que conviviam com o vírus.

O caso foi à Suprema Corte, que decidiu que a escola deveria aceitar o menino. O governo sul-africano promulgou uma emenda à Constituição para proibir a discriminação por motivos médicos. Mas não bastava que Nkosi fosse oficialmente aceito, ele tinha que realmente fazer parte da escola, sem ser visto como uma ameaça. Para isso, sua família organizou várias palestras para toda a comunidade escolar, explicando sobre a doença e as formas de transmissão, para que ninguém tivesse medo.

Nkosi conseguiu. Foi aceito pela escola, pelos colegas e pelos funcionários. No entanto, ele sabia que era alguém de sorte e que muitas crianças com HIV eram vítimas de preconceito, assim como tinham dificuldade de acesso ao tratamento. Por isso, não parou. Continuou falando sobre a Aids e viajando pelo país. Visitou departamentos de educação de toda a África do Sul e ajudou a desenhar novas políticas para a admissão de alunos com a doença.

Carismático e sincero, Nkosi ainda arrecadou dinheiro para criar um abrigo para mães e crianças com Aids que não tinham onde morar – muitas mulheres eram expulsas de suas casas, e até de suas cidades, quando recebiam o diagnóstico. Ele fazia questão de frequentar o abrigo e ler para as crianças mais novas. O lugar foi batizado de "Paraíso de Nkosi" e continuou sendo mantido pela mãe adotiva do menino mesmo depois que ele morreu, em 2001, aos 12 anos de idade.

Teve um funeral de herói nacional. Milhares de pessoas foram ao seu velório e prestaram homenagens. Perto do fim, dizia que tinha muito orgulho do que fez na vida: mudança nas políticas públicas, que agora permitem que todas as crianças infectadas possam ir para a escola sem serem discriminadas.

Prevenção

O HIV é um retrovírus com um longo período de incubação. Pode-se ter o vírus por anos antes de surgir qualquer sintoma ou de se ficar com o sistema imune comprometido. Mesmo sem a doença desenvolvida, soropositivos podem transmitir o vírus a outras pessoas em relações sexuais desprotegidas e compartilhamento de seringas. Para evitar, é preciso usar corretamente preservativo e não reutilizar seringas. Há também risco de contaminação de mãe para filho durante a gravidez, mas um pré-natal adequado evita a transmissão.

"Paz em todo lar, toda rua, toda aldeia, todo país – esse é o meu sonho. Educação para toda criança do mundo. Sentar numa cadeira e ler livros com todas as minhas amigas, em uma escola, é um direito meu"*

DESAFIOU TERRORISTAS PARA CONTINUAR NA ESCOLA

Malala Yousafzai
Mingora, Paquistão — 2012

Malala Yousafzai praticamente nasceu dentro de uma escola. Seu pai era dono e diretor de uma instituição de ensino no Paquistão e, por alguns anos, a família morou numa espécie de "puxadinho" do colégio. Seu quintal era o pátio e as salas de aula eram uma extensão da sua própria sala de estar.

A escola cresceu, ela ganhou dois irmãos e a família se mudou para uma casa. Na tarde de 9 de outubro de 2012, aos 15 anos, Malala voltava da escola pensando na matéria que teria de estudar para o dia seguinte, quando um jovem barbudo se jogou na frente da caminhonete escolar. O motorista freou. Outro homem aproveitou para entrar pela parte de trás e perguntou: "Quem é Malala?". Ninguém respondeu, mas, instintivamente, as amigas olharam para ela. O homem atirou três vezes. Um dos tiros atingiu Malala no rosto. Ela sobreviveu, mas só foi acordar do coma 10 dias depois, já em outro país, a Inglaterra.

Os responsáveis pelo atentado pertenciam ao Taleban, um grupo terrorista religioso. Eles tentaram matar Malala porque ela queria continuar estudando e se tornou uma porta-voz das meninas que insistiam em ir para a escola. O Taleban pregava que meninas não tinham permissão para isso.

Mesmo antes de o regime terrorista aparecer, nem toda menina do Paquistão frequentava a escola, sobretudo entre o povo

*Em seu livro *"Eu sou Malala"*.

pachtum, do qual Malala fazia parte. Na tradição local, as mulheres deviam cozinhar, limpar e servir. Primeiro a seus pais e irmãos e depois ao marido e aos filhos. Algumas faziam apenas os primeiros anos escolares, para aprender a ler e escrever e para conhecer a matemática básica.

Os pais de Malala pensavam diferente da maioria e defendiam oportunidades iguais para todas as crianças. Ela sempre se dedicou muito aos estudos. Com apenas 7 anos, já ajudava outros alunos com dificuldades de aprendizado e se esforçava para ter boas notas. Boas, não: queria as melhores. Colecionava na prateleira do quarto uma série de troféus de plástico dourado que ganhou por ser a melhor aluna de sua turma.

Em 2008, os talebans chegaram à região e começaram a impor, por meio de ameaças e castigos físicos, uma série de proibições. Malala tinha 11 anos quando a vida das meninas começou a piorar.

Usando a religião como desculpa, o grupo baniu as televisões e a música. Fecharam os salões de beleza. Hostilizavam mulheres que saíam de casa sem a companhia de um homem da família. E fizeram campanha para que todas as meninas largassem a escola. Diziam que as mulheres eram tão sagradas que deveriam permanecer apenas dentro de casa, protegidas.

Malala e suas amigas não conseguiam compreender o que havia de errado em estudar (ou por que isso estaria ligado a sua fé). Ainda assim, ano a ano, por causa da pressão dos talebans, várias estudantes acabaram abandonando a escola.

Por saber inglês, Malala foi procurada por jornais dos Estados Unidos e da Inglaterra para falar sobre como estava a vida sob domínio taleban. Denunciou publicamente as ameaças, contou que o governo paquistanês não fazia nada contra os terroristas. Como eram jornais de fora do país, sem tradução para urdu, a língua local, não imaginou que poderia sofrer retaliações. Além disso, até então, talebans nunca haviam atacado nenhum adolescente.

Depois do atentado, Malala passou meses em tratamento em um hospital inglês. Pelo risco de um novo ataque se voltasse ao Paquistão, sua família passou a viver na Inglaterra. Malala decidiu aproveitar o interesse que sua história despertava para se tornar uma ativista pelo direito à educação para meninas e jovens em todo o mundo. Em 2014, com 17 anos, tornou-se a pessoa mais jovem a ganhar o prêmio Nobel da Paz.

Em 2020, a jovem se formou na faculdade. Além de estudar, ainda luta para garantir que todas as garotas recebam 12 anos de educação de qualidade e em segurança.

Exclusão

Estima-se que atualmente 130 milhões de meninas e adolescentes estejam fora das escolas em todo o mundo. A maioria delas acaba estudando ao menos por alguns poucos anos; mas, segundo a Unesco, 9 milhões jamais vão frequentar uma instituição de ensino. Miséria, guerras e discriminação são os principais motivos que afastam as meninas do aprendizado.

"A escola é um lugar para fazer amigos, para aprender juntos. Se você tiver um problema, quiser melhorar alguma coisa, una-se a seus amigos, aos professores que pensem parecido, trabalhe em conjunto"*

CONSTRUIU UMA ESCOLA PARA REFUGIADOS SÍRIOS

Mohamad Al Jounde
Al Marj, Líbano — 2013

Em 2013, um conflito expulsou Mohamad Al Jounde, na época com apenas 12 anos, de seu país, a Síria. Ele precisou deixar para trás sua escola, sua casa, todos os amigos e a maior parte dos parentes, depois que sua mãe foi ameaçada de morte. Com sua família mais próxima (pai, mãe e irmã mais nova), ele foi morar no Líbano, um país vizinho. O recomeço na nova terra teve ainda uma dificuldade extra: na época, as crianças sírias refugiadas eram proibidas de frequentar as escolas libanesas.

Com muito tempo livre e sem conhecidos no país, Mohamad passou a fazer trabalhos voluntários em um campo de refugiados. Apesar de terem saído em fuga da Síria, seus pais conseguiram vender tudo o que tinham, juntaram algum dinheiro e puderam alugar um apartamento no Líbano. A maioria dos refugiados sírios, porém, chegou ao novo país sem nenhum dinheiro e acabou tendo de morar nos tais campos de refugiados. São espaços isolados do restante da cidade, onde as famílias moram em tendas improvisadas.

Ao frequentar o campo de refugiados, Mohamad conheceu muitas crianças entediadas, sem oportunidades de lazer e sem chance de estudar. O garoto logo percebeu que não era apenas ele que estava sem escola. Segundo a Organização das Nações Unidas, em 2013 havia 385 mil crianças sírias vivendo assim no Líbano.

Na época, o que Mohamad mais queria era conviver com

---

*Às autoras durante apuração deste livro.

outros meninos como ele, poder se divertir, criar laços e ter companhia para fazer alguns projetos. Num primeiro momento, sua ideia era montar um centro de convivência. Foi depois de conversar com seus pais e alguns dos adultos que também eram voluntários que ele percebeu: ele e as outras crianças precisavam era de uma escola!

Assim como as casas das pessoas não eram construções firmes, de tijolos e concreto, a escola seguiu o padrão local. Mohamad e outros voluntários montaram uma tenda em que professores voluntários passaram a ensinar o que sabiam. O próprio Mohamad passou a ensinar matemática e fotografia — ele adorava fotografar. Também havia um horário especial com aulas para mulheres mais velhas.

A escola começou a ficar conhecida e a ganhar destaque internacional. Ao ficar famosa, passou a desagradar autoridades libanesas. Até que, um dia, sem aviso prévio, policiais a destruíram, além de várias tendas de famílias que moravam ao redor. A alegação foi a de que havia sírios trabalhando como professores, o que na época era proibido por lei. Todos os educadores, contudo, eram voluntários. Esse foi o momento mais difícil para Mohamad, que pensou em desistir do projeto e seguir com sua vida. Muitas famílias refugiadas perderam o pouco que tinham. Embora ninguém o tenha culpado, ele se sentia responsável.

Depois do choque, conversando com as famílias envolvidas, Mohamad percebeu que não deveria abandonar a luta pela educação das crianças. Elas tinham esse direito; não importava o que as autoridades dissessem. Percebeu que escola é mais do que uma construção, é a ideia. Graças ao dinheiro de um prêmio internacional e de um fundo de sírios expatriados, conseguiu apoio financeiro e legal para seguir adiante.

A escola foi reerguida. Da segunda vez, uma construção de verdade: com paredes de tijolos, salas de aula, pátio, refeitório e até laboratório de informática.

Em 2018, Mohamad acabou se mudando para a Suécia para ficar junto do pai, que já tinha se mudado havia quatro anos. Apesar da distância física, ele continuou completamente envolvido com a escola no Líbano, ajudando na administração, procurando doadores, produzindo os relatórios. Além disso, viajava regularmente para visitar o espaço. A escola Gharsah fica na cidade de Al Marj e, em 2020, atendia 200 crianças a partir de 6 anos de idade.

Sem-escola

Dos 7,1 milhões de crianças e adolescentes refugiados em idade escolar em 2019, mais da metade não frequentava a escola. Segundo a Agência da ONU para Refugiados, eram 3,7 milhões sem vaga nos sistemas educacionais oficiais, passando vários anos sem poder estudar.

"Muitos estudantes me dizem que eles jamais seriam capazes de fazer o que Os Nove de Little Rock fizeram. Quando você está fazendo o certo, você não sabe do que é capaz até você tentar"*

ENFRENTOU O ÓDIO DE UMA MULTIDÃO RACISTA

Elizabeth Eckford
Little Rock, Estados Unidos — 1957

Elizabeth Eckford tinha tudo para estar radiante em seu primeiro dia de aula no Ensino Médio. Era uma aluna aplicada e, aos 15 anos, foi escolhida em uma rigorosa seleção para a melhor escola da cidade. Além disso, usava um lindo vestido feito pela mãe para a ocasião. Ao chegar, no entanto, foi xingada, cuspida, perseguida e escapou por pouco de um linchamento.

Ela fazia parte de "Os nove de Little Rock", como ficaram conhecidos os afrodescendentes selecionados para serem os primeiros a frequentar, junto aos brancos, a renomada escola Central High School, na capital do Arkansas, sul dos Estados Unidos. O ano era 1957, quase um século depois do fim da escravidão no país. Uma disputa judicial ordenava o fim da segregação nas escolas e finalmente tinha chegado a hora em Little Rock. Um grupo de 250 pessoas, no entanto, foi à porta da escola impedir que isso acontecesse.

A maioria dos jovens negros selecionados pertenciam à classe média e tinham sido avisados por telefone para se reunirem na casa de uma ativista e chegarem juntos naquele primeiro dia. Na casa de Elizabeth, no entanto, tanto a mãe quanto o pai trabalhavam em dois empregos para manter os seis filhos e não havia luxos, como era um telefone naquela época. Ela só percebeu a multidão quando desceu do ônibus em frente à escola – e entendeu por que estavam ali apenas quando atravessou a rua e todos se viraram contra ela.

---

*Em seu livro *"The worst first day"* (O pior primeiro dia, em inglês).

Os manifestantes seguravam placas de "Educação sem mistura" e gritavam frases racistas diante da imprensa. Apesar do medo, a estudante calculou que correr seria pior e começou a andar enquanto pensava em como escaparia e chorava por trás dos óculos escuros. O fotógrafo Will Counts conseguiu capturar o exato momento em que Hazel Bryan, uma jovem branca, gritava "volte para a África" com o rosto cheio de ódio atrás de Elizabeth.

Ela caminhou até o ponto de ônibus seguinte, mas foi seguida por um grupo que gritava "lincha, lincha". Não era apenas uma expressão. No estado vizinho, um jovem um ano mais novo que ela havia sido linchado acusado de paquerar uma garota branca. Ao vê-la correr risco, uma mulher branca começou a defendê-la em um sermão aos demais. Era uma das professoras que teria como aliada no futuro, Grace Lorch. Ela permaneceu ao lado da moça, entrou no ônibus com ela e desceu uns quarteirões à frente, quando percebeu que não estavam sendo seguidas.

As imagens correram o mundo e envergonharam boa parte do país. O presidente Dwight Eisenhower falou sobre o assunto na televisão e as aulas foram suspensas por três semanas para garantir a segurança. Na tentativa seguinte, foi bolado um plano: os nove entraram pela lateral da escola, driblando mil pessoas que esperavam na porta para protestar. Minutos depois, racistas descobriram e os perseguiram pelos corredores. O grupo escapou no carro da polícia.

Irritado com a repercussão mundial em plena Guerra Fria, o presidente mandou no dia seguinte 200 homens da infantaria do exército para escoltar "Os nove de Little Rock". Elizabeth e os colegas tiveram um mês de paz sob supervisão fortemente armada. Depois disso, a tropa nacional foi substituída por soldados locais e a proteção diminuiu. Os jovens negros conseguiram estudar, mas não sem sofrer.

Os ataques eram diários. Antes de se sentar, checavam os quatro pés das cadeiras e andavam nos corredores com os livros como escudos contra tudo o que era jogado na direção deles. Várias armas foram encontradas na escola. Uma integrante do grupo desistiu, algo que Elizabeth conta também ter pensado em fazer. Manteve-se firme o ano todo pensando nos benefícios para as próximas gerações.

Quando se formou, várias instituições de nível superior lhe ofereceram bolsas de estudo. Elizabeth preferiu entrar para o exército e, como militar, pôde realizar seu sonho de viajar e conhecer muitos lugares nos Estados Unidos. O ódio que sofreu a marcou fortemente e ela conta que até hoje é atingida quando vê ódio racial – mas que, ao perceber os avanços nos direitos, acredita que valeu a pena.

Segregação racial

Nos Estados Unidos, a escravidão acabou oficialmente em 1865, após uma guerra entre os estados do norte e os do sul do país. Apesar dos direitos básicos garantidos, no entanto, governos do sul criaram leis que separavam as "pessoas de cor" – como se referiam aos negros – em espaços diferentes para moradia, cuidados médicos, educação, emprego e transporte. O lema era "separados, mas iguais". Apenas em 1954, após uma decisão judicial, essa segregação foi proibida.

"A sexualidade não era uma questão da escola. Nem mesmo eu, que sofria, colocava. Como se o currículo pudesse estar desconectado da vida dos estudantes"*

LEVOU O TRANSGÊNERO AO PALCO DA ESCOLA

Sara Wagner
Goiânia, GO, Brasil — 1992

A dona desta história nem sempre se chamou Sara. Quando nasceu, em 1975, foi reconhecida "menino" e chamada Wagner Júnior. O fato de que gostava de estar com as meninas, brincar como menina e namorar os meninos era um problema nas escolas que frequentou em Goiânia, no Centro-Oeste do Brasil. Nos anos 1980, nem mesmo a Organização das Nações Unidas reconhecia a homossexualidade ou a transexualidade como algo possível e natural – muito menos seus colegas e professores.

A vida escolar incluía surras, humilhações e o que mais a afetava: desprezo. Júnior teve uma infância difícil. Um glaucoma o levou a muitas cirurgias e acabou o deixando sem a visão do olho esquerdo. Além disso, muito cedo viu cenas violentas em casa e sofreu com elas – sentia que a mãe não o amava. A família, no entanto, tinha dinheiro e ele estudava em uma das escolas mais caras da cidade.

Desde sempre, lembra-se de ser considerada uma criança-problema, feia e indigna de ser admirada. Apesar de se sentar na frente, ser doce e estudiosa, era mandada para a direção por "não se comportar como um homem". Sara, que ainda era Júnior, se sentia humilhada e com medo, mas não reclamava em casa, onde também seria considerada errada. A única com quem desabafava era a avó, com quem passava os finais de semana.

---

*Às autoras durante apuração deste livro.

Na adolescência, começou a paquerar meninos da escola. No final do penúltimo ano do Ensino Fundamental, a direção pediu à família que o transferisse, pois o filho se recusava a "agir como um homem".

Ela, ainda como um garoto, foi para a escola pública em que a tia trabalhava. A educação no Brasil tinha acabado de se tornar um direito de todos e, com a entrada das massas nas escolas, havia problemas como superlotação e falta de recursos. No meio da carência geral, Júnior não se lembra de sofrer preconceito por sua sexualidade. Sentia que os professores tinham mais com o que se preocupar.

Sem o peso constante da reprovação, a vida passou a fluir. Ele se juntou ao grupo do grêmio e começou a lutar pela reabertura do teatro. Ganhou gosto tanto pela interpretação quanto pela participação estudantil.

Depois da formatura, a família novamente buscou uma escola particular para o Ensino Médio. Precisaria se adaptar mais uma vez. Foi buscar a aceitação que tinha experimentado no grupo de teatro. Ainda não conhecia o significado da palavra representatividade, mas fazia questão de ser o melhor aluno. Ser conhecido era sua estratégia para diminuir ao máximo o espaço para a homofobia. Tanto se fez notar, que conseguiu.

No final do ano, a professora anunciou que fariam "O rei da vela", peça de Oswald de Andrade, sobre a aristocracia e a burguesia, que incluía Totó, Fruta do Conde, uma extravagante personagem homossexual. Papel prontamente escolhido por Júnior.

Estudante e professora buscaram um sapato de salto alto que coubesse no seu pé 39 e ajudasse a incorporar a personagem. A reação da plateia variou de deboche e escândalo a aplausos, mas ninguém pôde ignorar sua condição transgênero. A professora lembra do pedido para ficar com o sapato e da alegria quando ouviu o sim. Figurativamente, nunca mais desceu do salto. Ali começou a ser Jussara: mistura de Júnior com o nome social que adotaria mais tarde.

Terminou a escola e seguiu no teatro, na atuação, no rádio e na coreografia. Seguiu marginalizada e vítima de transfobia. Foi viver em Londres como cabeleireira e voluntária de refugiados. Quando voltou ao Brasil, voltou também para a escola. Foi da primeira turma de pessoas trans a usar o nome social no Exame Nacional do Ensino Médio, em 2014. Formou-se professora.

Em 2020, concluiu o mestrado em Educação com o tema "Tia, você é homem?". Dá aulas, palestras e consultorias sobre educação, escola, infância e transgeneridades. Um dos artigos mais notáveis se chama "Direito de ser intersexo: o que a educação tem a ver com isso?".

Transfobia

A ONU deixou de usar o termo "homossexualismo", que denotava doença, e passou a usar "homossexualidade", que se refere a identidade sexual, em 1991. A homofobia e a transfobia, no entanto, continuam. O Brasil é o país com mais mortes conhecidas de pessoas transgênero, foram 175 apenas em 2020, de acordo com a Associação Nacional de Travestis e Transexuais (Antra). O diálogo sobre sexualidade na escola continua a enfrentar dificuldades, sendo apelidado de "ideologia de gênero" por pessoas que não aceitam a diversidade.

*"Não desista do que é realmente importante para você. Temos muitas obrigações, mas escute suas ideias. Elas nascem do que faz diferença na sua vida e pode fazer na dos outros"**

Ensinou espanhol para integrar imigrantes

Thais Jaimes Lopez
São Paulo, SP, Brasil — 2018

Toda escola tem seus grupinhos, que parecem nunca conversar entre si. Na escola municipal Infante Dom Henrique, em São Paulo, não era só aparência: 20% dos alunos são imigrantes, ou seja, a cultura e até a língua os separam. Thais Jaimes Lopez estudava lá desde o 1º ano e estava acostumada a que fosse assim. Quando ia começar o 7º ano, influenciada por uma experiência nas férias, percebeu que ela e os colegas poderiam ajudar a reduzir essas barreiras.

Thais é brasileira. Nasceu dois anos depois de sua mãe se mudar da Bolívia para o Brasil. A família evitava falar espanhol com ela e seus três irmãos mais novos por medo de prejudicar o aprendizado da língua portuguesa. Ela aprendeu mesmo assim, pois sempre gostou de entender as conversas – e o mundo – ao seu redor.

Aos 12 anos, viajou à Bolívia para visitar os parentes, como não fazia há alguns anos. Percebeu que, por conversar com os primos bolivianos no idioma deles, aproveitava mais que os irmãos. Na volta à escola, no Brasil, comentou empolgada sobre as descobertas recentes com as colegas mais próximas, a maioria filhas de imigrantes, como ela. Todas tinham histórias parecidas. Foi então que Thais pensou em uma forma de criar um intercâmbio cultural ali mesmo, em sua escola: ensinando espanhol.

Ela e as amigas foram falar com uma professora que já havia

*Às autoras durante apuração deste livro.

desenvolvido um trabalho para aumentar o respeito aos imigrantes. Com tantos alunos de diferentes países, a escola sempre buscava novos projetos para acolhê-los e ajudá-los a se adaptarem. Havia, por exemplo, placas em diferentes idiomas e a escola recebeu até convite para fazer parte da rede de escolas associadas à Organização das Nações Unidas para Educação, Ciência e Cultura.

A proposta das estudantes, no entanto, era diferente de tudo. Em vez de ensinar sobre o Brasil aos imigrantes, as alunas queriam ensinar a língua e a cultura dos imigrantes aos demais. Conquistaram ajuda de duas professoras, que ajustaram seus próprios horários para acompanhar o planejamento e as aulas semanais, que ocorriam depois do horário regular. Houve mais de 100 interessados e foi formada uma turma de 30 alunos.

A única coisa de que Thais se lembra da primeira aula é da vergonha que sentiu quando foram chamadas à frente para se apresentar. Ela já era bastante participativa em diversos projetos, mas estava sempre ao lado das amigas com os mesmos costumes, no grupo em que se sentia segura. De repente, se viu diante de estudantes mais novos e mais velhos, mais e menos conhecidos e de diferentes países latinos.

Começaram por músicas e brincadeiras que aprenderam nas visitas aos países de suas famílias. Depois, buscavam datas comemorativas e partiam das semelhanças para as diferenças em cada lugar.

Em maio, por exemplo, aprenderam que o dia das mães na Bolívia era sempre na mesma data, no dia 27 daquele mês, por conta da morte de Manuela Gandarillas. Toda a sala se encantou com a história da heroína cega que reuniu 300 mulheres para resistir aos espanhóis que atacaram sua vila enquanto os homens estavam longe.

O projeto recebeu reconhecimento, foi tema de reportagens e elas se apresentaram até em seminário da Universidade de São Paulo. No ano seguinte, a pedido da direção, o público mudou e passaram a ensinar espanhol para as crianças do 3º ano.

Mais do que o número de estudantes que entendem a língua, as aulas suavizaram os limites entre os alunos. As rodinhas separadas até continuaram, mas com mais empatia entre seus integrantes. Quando fala disso, Thais empresta uma frase da heroína Gandarillas que se tornou um lema no grupo de espanhol. "Nuestro lugar es sagrado", dizia a guerreira que defendeu sua terra. "Nuestro lugar es sagrado", diz Thais quando se refere à escola como um lugar acima das diferenças.

Direitos dos imigrantes

A imigração vem crescendo no mundo todo e hoje mais de 3% da população mundial vive fora de seu país de origem. O Brasil acolhe oficialmente 2 milhões de estrangeiros, o que representa 1% da população total. Destes, apenas 70 mil estão matriculados em escolas. Independentemente de como se deu a entrada no país, a Constituição garante o direito à educação básica para todos os imigrantes. Além disso, em 2017, foi aprovada a Lei da Imigração, reafirmando o direito a estudar, mesmo para quem não tem documentos que comprovem residência.

"A escola precisa abrir espaço para outros mundos, para a intercultura. Para a gente respeitar e ter empatia, a gente precisa conhecer. É a partir do conhecer que o preconceito morre"*

FEZ NA ESCOLA UM LEVANTE DE VALORIZAÇÃO INDÍGENA

Juliana dos Santos Santana / Amanayara Tupinambá
Ilhéus, BA, Brasil — 2008

Amanayara Tupinambá nasceu em 1991 na Aldeia Mãe dos Tupinambá de Olivença, em Ilhéus, cidade do sul da Bahia muito conhecida pela ficção do escritor Jorge Amado e pouco pela resistência de seus povos originários. Em vez de seu nome étnico, consta em seu registro de nascimento Juliana dos Santos Santana, pois na época o estado brasileiro não reconhecia nenhum indígena da região. Depois de quatrocentos anos de intensa colonização, os tupinambás eram dados como extintos e os remanescentes, chamados de caboclos.

Aos 7 anos foi mandada para uma escola "de brancos" ou, como dizem os indígenas, colonizadora. Sabia que fazia parte de sua missão pois, como dizia sua avó, era preciso entrar na "luta de papel e caneta". Em um dos *fronts*, seu povo realizava protestos e rituais na busca pelo reconhecimento de sua etnia – o que veio quando Juliana completou 10 anos. A ela caberia a batalha para melhorar a escolaridade.

Terminou a alfabetização e seguiu para a única escola estadual do distrito, a Jorge Calmon, onde sentia sua identidade negada. Na aldeia, tornava-se uma das lideranças jovens, trabalhava pela revitalização dos cantos e da língua e representava seu povo em jogos indígenas. Na escola, era proibida de usar os trajes tradicionais e suas pinturas corporais eram motivo de chacota.

*Às autoras durante apuração deste livro.

Juliana sofria, mas seguia em frente inspirada pelas estratégias de seus antepassados. Por séculos, os tupinambás usaram a cultura católica para disfarçar suas crenças e ressignificar suas datas importantes. Moveram-se em torno do território para mantê-lo e, nas últimas décadas, anciãs como sua avó fizeram parte da Pastoral da Criança, como forma de incentivar a alfabetização de aldeados.

Ela também era eficiente em suas estratégias. Uma vez, teve que faltar à prova de Química para ir aos jogos regionais indígenas e a professora não a deixou fazer o teste em outra data. Ficou com zero, mas garantiu a nota máxima na outra avaliação e passou.

Em 2006, a aldeia ganhou a primeira escola indígena. Juliana e outros jovens logo se tornaram professores voluntários de jogos, dança e canto. Até algumas escolas colonizadoras da região passaram a procurá-los para apresentações, ainda que no Dia do Índio e com representações estereotipadas como crianças pintadas com tinta industrializada. Ela explicava que viviam bem ali no litoral da Bahia e falavam português, mas aos poucos conseguiu espaço para contar de suas lutas históricas.

Na escola em que ela própria estudou a maior parte da vida e onde cursava agora o Ensino Médio, no entanto, seguia uma jovem tímida. No penúltimo ano, tomou coragem e se inscreveu para o Festival de Canção Estudantil. Sua música citava Jorge Amado, descrevia as belezas da região e terminava por autoafirmar seu povo: "A cultura está no sangue. Está no coração. E tem uma coisa que eu não posso deixar de avisar: sou índia tupinambá. Tenho orgulho de ser. Minhas terras vou reconquistar".

Uma parte dos colegas e dos educadores se chocou, outra a abraçou. Mesmo sendo uma escola com currículo branco, metade dos estudantes da Jorge Calmon era indígena. Ela venceu e foi para a final no Centro de Convenções da cidade. Se na escola nunca pôde entrar trajada, agora havia torcida organizada com camisetas em que Juliana Tupinambá aparecia com cocar e pinturas.

Venceu o festival. Outros indígenas passaram a usar a arte para falar de seu povo. Juliana cursou Geografia e tornou-se oficialmente professora no Colégio Indígena Tupinambá de Olivença. Também passou a representar educadores em fóruns e conferências de educação escolar tanto indígena quanto regular e atua pela implementação da Lei 11.645, de 2008, que estabelece o ensino de História e Cultura Afro-Brasileira e Indígena em todas as escolas.

História

O povo Tupinambá teve contato com os primeiros portugueses que chegaram ao Brasil para colonizar as capitanias hereditárias. Em 1559, Olivença foi cercada e milhares de tupinambás foram mortos no que é conhecido pelos brancos como Batalha dos Nadadores e, pelos indígenas, como Massacre de Mem de Sá. Os indígenas que sobreviveram se refugiaram na mata e, com a praga da varíola nos anos seguintes, voltaram com cascas de árvores que acreditam ter poder curativo. Até hoje a principal festividade do distrito é a "Levantada do mastro", que simboliza esse retorno. No início do século 20, sofreram novamente com a violência de fazendeiros que se aproveitavam da falta de documentação que comprovasse a posse das terras para tomá-las. Mais de 5 mil indígenas vivem no local atualmente.

"A disrupção é linda. Devemos a nós mesmos e à nossa emancipação sermos disruptivos. Vá em frente e promova a disrupção das injustiças ao seu redor – e faça isso com cada gota de confiança e coragem que existe em você"*

LIBEROU CABELO AFRO NAS ESCOLAS

Zulaikha Patel
Pretoria, África do Sul — 2016

No dia em que uma professora chamou Zulaikha Patel para sua sala e fez o "teste do lápis" em seu cabelo, a menina de 13 anos voltou para casa e chorou por horas. O procedimento era usado pelo antigo regime do apartheid, que segregou brancos e não brancos na África do Sul. Se o lápis caísse imediatamente do cabelo, a pessoa era classificada como branca e teria uma série de privilégios. Naquela época, os melhores bairros, empregos, escolas, hospitais, igrejas e todo tipo de serviço ficavam reservados exclusivamente para brancos. Apenas os brancos votavam e o país chegou a proibir casamentos entre "raças" diferentes.

O apartheid havia acabado oficialmente em 1994, antes de Zulaikha nascer. Ela ficou revoltada por perceber que em seu país, agora supostamente livre e democrático, as práticas nefastas do passado se mantinham. Foi nesse dia que ela se deu conta de que precisava tomar uma atitude.

Aquela não tinha sido a primeira vez que a decisão de manter seu cabelo ao natural – ou ao estilo afro, como ela diz – lhe causava problemas. Mais nova, já tinha sido expulsa de outro colégio pelo simples fato de se recusar a alisá-lo ou prendê-lo com tranças.

Quando se matriculou na renomada Pretoria Girls' High School, mais uma vez sofreu pressões para manter suas madeixas sempre "domadas". O código de conduta escolar, apesar de não proi-

---
*Em discurso no TEDxALURwanda.

bir explicitamente os cabelos afro, era usado como desculpa para a exigência. Desta vez, contudo, encontrou outras estudantes negras com a mesma vontade de mudar e dispostas a lutar por uma educação para a liberdade. Apoiou-se nas amigas para ter mais força.

Incitadas por Zulaikha, combinaram o primeiro protesto silencioso no dia 26 de agosto de 2016: iriam todas para a escola com seus cabelos soltos. Algo tão simples, sem nenhuma palavra, era um ato eloquente naquela instituição.

Embora o cabelo fosse uma questão bastante visível, as alunas negras eram sujeitas a uma série de discriminações no dia a dia do colégio tradicional, que tinha sido exclusivo para brancos durante o apartheid. Não se tratava apenas do cabelo. Por exemplo, elas eram proibidas de falar em suas línguas nativas umas com as outras, mesmo nos intervalos. Oficialmente, a escola só permitia que fosse falado o inglês. As estudantes brancas, porém, falavam livremente o africâner, idioma da comunidade branca. A luta era pelo cabelo - e por todo o resto.

No dia seguinte, 27 de agosto, um dia de festividade na escola, as amigas decidiram que iriam também marchar ao redor do colégio uniformizadas e com seus cabelos livres. A manifestação pública despertou ainda mais irritação que no dia anterior. Três seguranças particulares da escola, que andavam armados, tentaram barrar o caminho das estudantes. Um deles falou para Zulaikha, à frente da marcha, que elas poderiam ser presas. Mesmo pequena e frágil perto do segurança, Zulaikha não se intimidou e respondeu: "então pode nos prender".

O ato de coragem da estudante foi gravado e fotografado. As imagens percorreram o mundo e envergonharam o governo sul-

-africano. O secretário de educação da província visitou a escola, ouviu as queixas das alunas negras e mandou que o código de conduta de todas as escolas fosse revisado nas cláusulas sobre cabelos.

Para Zulaikha, porém, o maior legado do protesto não foi a mudança do código de conduta em si, mas o exemplo para todos os alunos de que vale a pena se posicionar contra injustiças.

Apartheid

Desde a chegada dos colonizadores holandeses, em 1652, a África do Sul teve sua história marcada pela supremacia branca. O apartheid foi oficialmente instituído em 1948. A minoria branca era a única com direito a voto e detinha todo o poder econômico no país. Por lançar uma campanha de desobediência civil, a organização negra Congresso Nacional Africano (CNA) foi considerada ilegal. Seu líder, Nelson Mandela, acabou condenado à prisão perpétua. Mas, a partir da década de 1980, cresceu a pressão popular e da comunidade internacional contra o apartheid. Mandela foi solto em 1990 e, quatro anos depois, elegeu-se presidente nas primeiras eleições multirraciais do país.

"O estudante, que vive a escola todos os dias, é a melhor pessoa para falar o que tem que mudar na sua instituição"*

NOTICIOU OS PROBLEMAS DA SUA ESCOLA

Isadora Faber
Florianópolis, SC, Brasil — 2012

A escola pública de Ensino Fundamental em que Isadora Faber estudava se parecia com muitas outras da sua cidade, Florianópolis, capital de Santa Catarina. Parecia-se, na verdade, com muitas outras Brasil afora: embora tivesse bons professores e alunos interessados, tinha as paredes pichadas, vidros quebrados, banheiros sem portas. Também era bastante comum que educadores faltassem e os alunos ficassem sem atividades.

Aparentemente, a rotina de degradação e descaso não incomodava ninguém. Mesmo Isadora levava os estudos sem estranhar nada, até o dia em que, a convite de uma amiga, foi visitar uma escola particular. Viu um ambiente limpo e organizado. Viu que os alunos nunca ficavam sem aulas. E na hora entendeu que ela também tinha direito a uma escola assim. Não só ela, claro, mas todos os seus colegas.

A princípio, não soube o que fazer com sua indignação. Ao conversar sobre o assunto com sua família, a irmã mais velha lhe falou sobre o *blog* de uma menina sueca que mostrava a má qualidade da alimentação escolar. Inspirada no modelo do exterior, Isadora criou uma página no Facebook com o nome Diário de Classe. Lá, passou a postar relatos de problemas que via todos os dias.

Quando começou a página, ouviu de sua mãe um conselho: que não criasse muitas expectativas, pois a realidade brasileira é

*Às autoras durante apuração deste livro.

diferente da sueca e, talvez, ninguém se importasse com suas denúncias. Aos 12 anos, Isadora estava fazendo o que achava certo, mas estava preparada para o fracasso da empreitada.

O que aconteceu foi exatamente o oposto. O canal ganhou milhares de seguidores e enorme repercussão. Primeiro entre a comunidade escolar. Depois, entre estudantes de outras escolas. Suas denúncias acabaram chegando a políticos e à grande imprensa. Jornais, revistas e programas de TV passaram a procurar Isadora, para conhecer sua história. Seu rosto e os problemas de sua escola, a Maria Tomázia Coelho, ficaram conhecidos nacionalmente.

Mais do que reconhecimento, Isadora conseguiu que vários problemas fossem prontamente resolvidos. Se mostrava um bebedouro quebrado, na semana seguinte a secretaria municipal trocava por um novo, por exemplo.

As denúncias, contudo, tiveram um efeito colateral. Ao abrir à sociedade a "caixa preta" que era a escola, gestores e alguns professores ficaram extremamente incomodados com a exposição negativa. Convenceram alguns estudantes de que o Diário de Classe estava prejudicando a imagem do colégio e da educação pública. Isadora passou a ser hostilizada. Diariamente, alunos e professores exigiam que ela interrompesse as postagens.

A situação era tão difícil que ela e sua família começaram a pensar que Isadora deveria mudar de escola. Mas, ao final, refletindo juntos, perceberam que o caminho certo era permanecer lá e lutar para mudar a escola. Apesar das críticas recorrentes, a menina insistiu no seu Diário de Classe. Após cada dia difícil, Isadora voltava a se animar ao ler as muitas mensagens de incentivo que desconhecidos lhe deixavam.

Ela terminou o Ensino Fundamental na mesma instituição, sempre denunciando e cobrando melhorias. Aprendeu sobre vários processos burocráticos, sobre as formas legais de o colégio conseguir verbas para manutenção. Manteve sua postura de cobrança mesmo durante o Ensino Médio e a faculdade, mas não teve mais a necessidade de criar novos Diários de Classe.

Ficou muitos anos sem voltar à antiga escola, mas, quando houve uma troca de direção, Isadora foi chamada pela nova equipe para voltar e ver como tudo estava. Cinco anos depois, as salas de aula tinham até ar-condicionado. O que a deixou mais feliz não foram os equipamentos em si, mas perceber que as melhorias que começaram quando ela estava lá continuaram acontecendo.

Acesso à informação

Os estudantes e a população têm o direito de conhecer a situação da educação. Além da possível criação de canais, um instrumento importante é a Lei de Acesso à Informação. A LAI, de 2011, é uma lei federal que permite a qualquer pessoa solicitar informações públicas das esferas municipais, estaduais e federal. O pedido deve ser feito ao Serviço de Informação ao Cidadão (SIC) do órgão responsável. Quando não há esse serviço no site, é preciso ir pessoalmente a um balcão de atendimento.

OCUPAR E RESISTIR

*"Muita coisa aconteceu de errado nas escolas por muito tempo e a gente deixou passar. Agora chega, a gente aprendeu que tem voz"**

EVITOU O FECHAMENTO DE ESCOLAS

Giovanna Fernandes Silva
Diadema, SP, Brasil — 2015

Bate o sinal de entrada do período noturno na Escola Estadual Diadema, na Grande São Paulo. Disfarçadamente, um estudante coloca uma corrente no portão e tranca com cadeado. Logo depois, um grupo de alunos percorre as 10 classes e grita que todos devem descer urgentemente para o pátio. Em cima de uma mesa do refeitório, ao lado de dois colegas, a presidente do grêmio, Giovanna Fernandes Silva, avisa: "Vamos ocupar a escola!".

O grêmio havia sido criado por obrigatoriedade no ano anterior. Naquele 2015, começaram de fato a lutar por uma escola melhor. Primeiro, fizeram uma campanha para colocar tela na quadra, já que a direção não deixava usar porque a bola caía fora do espaço. Aos poucos conseguiram acesso ao projetor e conserto dos ventiladores. Depois, venderam bala em semáforo para arrecadar dinheiro e pintar a escola. Por último, negociaram a abertura da biblioteca, que antes ficava fechada à noite.

Mal tiveram tempo de comemorar as vitórias e veio a notícia de que seriam transferidos. Em setembro de 2015 o governo do Estado de São Paulo anunciou um plano de reorganização escolar que fecharia 93 escolas e obrigaria quase 300 mil estudantes a mudar de instituição porque a sua não atenderia mais a etapa de ensino em que estavam. A Diadema deixaria de ter o período noturno e o Ensino Médio.

---

*Às autoras durante apuração deste livro.

Giovanna vinha de uma família pobre e, aos 16 anos, já trabalhava, como muitos de seus colegas que optavam por estudar à noite. O argumento de que o período noturno tinha resultados ruins não era suficiente para que quisessem se transferir. Não queriam perder os amigos e abandonar a escola pela qual tanto fizeram.

A primeira tentativa de protesto foi escrever uma carta, enviada por e-mail. Receberam uma resposta no dia seguinte que não considerava seus argumentos. A segunda manifestação foi na quadra, mas não chamaram atenção além dos muros da escola. Pediram, então, ajuda aos professores. Um deles, de História, contou sobre ocupações universitárias durante a ditadura militar. No mesmo dia, um pequeno grupo resolveu que tentaria.

Fizeram uma lista do que precisariam: corrente e cadeado, barracas, comida, roupas, cobertores e contatos de movimentos sociais que pudessem apoiá-los. Organizaram durante o fim de semana e, na segunda-feira, 9 de novembro, começaram.

"Ocupar e resistir", gritavam os estudantes reunidos no pátio. Os agentes escolares chamaram a polícia na mesma hora. Giovanna conversou com os policiais, que decidiram manter uma viatura à porta. O plano era, depois do anúncio da ocupação, liberar todos os estudantes, para que voltassem a suas casas. Um grupo de apenas dez dormiria lá. Mas nessa primeira noite, 30 jovens e três professores quiseram ajudar e dormiram na escola.

No dia seguinte, estudantes dos anos finais do Ensino Fundamental chegaram e foram avisados de que não haveria aula. Alguns aderiram à ocupação. Professores, advogados e imprensa passaram a acompanhá-los. Familiares e vizinhos levavam comida e reforçavam os gritos de protesto.

À noite, estudantes de outra escola, em Pinheiros, bairro nobre de São Paulo, se uniram ao movimento. No fim da semana eram dezenas de escolas que seriam reorganizadas pelo governo ocupadas pelos estudantes. Até o fim do ano, chegaram a 200. O governo mandou a polícia retirar estudantes à força, mas desistiu diante do apoio popular. Artistas e especialistas de diversas áreas iam às ocupações oferecer simpósios, ajuda para cozinhar, limpeza e o que mais fosse necessário.

Giovanna e seus colegas passaram o Natal e o Ano-Novo acampados na escola. No início de janeiro, uma decisão judicial os obrigava a sair, mas o governo do Estado voltou atrás na decisão de fechar escolas e turnos. Enquanto arrumavam as coisas, alternavam entre choro de cansaço e choro de felicidade, sem saber o alcance da vitória: no ano seguinte, estudantes ocuparam mais de mil escolas no Brasil inteiro com diferentes demandas e uma certeza: os estudantes podiam ser ouvidos.

Reorganização escolar

O direito à educação básica no Brasil só foi assegurado a todos em 1988, com a nova Constituição Federal. O número de matrículas disparou e o país não tinha escolas suficientes. Foram criados vários turnos em cada escola – o que não evitou, porém, a superlotação por sala e outras questões que dificultaram a aprendizagem. Em São Paulo, quando o número de alunos parou de crescer, depois de 30 anos, o governo propôs uma reorganização das escolas com fechamentos e transferências para concentrar alunos e reduzir custos.

"Se organizem. O que nos move é a empatia e a raiva. Por amor às nossas famílias e às crianças que passariam por injustiças, tivemos raiva e a usamos para melhorar a vida de todos"
Ayélen Salgado*

PROVOCARAM A RENOVAÇÃO DAS LEIS DO PAÍS

Ayélen Salgado e Víctor Chanfrau
Santiago, Chile — 2019

O que vocês têm a ver com isso? Essa pergunta normalmente é feita por quem não espera uma resposta – pelo contrário, quer o silêncio. Era a intenção de aliados do governo chileno quando criticaram estudantes, que não pagavam para usar transporte público, mas protestaram contra o aumento da passagem em 2019. Os porta-vozes do movimento secundarista Ayélen Salgado e Víctor Chanfrau, no entanto, responderam – e com argumentos suficientes para alimentar uma revolução.

O aumento seria de 30 pesos, o que equivale a cerca de 25 centavos de real. Os estudantes começaram por explicar que, mesmo que eles tivessem a gratuidade, o valor pesaria para seus familiares. Mas, já que haviam perguntado, resolveram deixar claro o que eles, adolescentes entre 14 e 17 anos, tinham a ver com os problemas dos adultos.

Explicaram que, se a população não consegue pagar moradia, transporte e alimentação, isso afeta a perspectiva de futuro dos jovens. Se os aposentados se suicidam por falta de condições de vida digna, mais ainda. E lembraram que os estudantes no Chile têm acesso a escolas desiguais, mas se submetem a uma seleção padronizada para o Ensino Superior que renova o ciclo de desigualdade. Ao final, concluíram: não era por 30 pesos, mas por 30 anos de atraso nas políticas sociais.

*Às autoras durante apuração deste livro.

Desde 2006, estudantes secundaristas protestam contra leis que são do tempo da ditadura no país — a qual terminou em 1990. Auto-organizados, eles levam centenas de milhares às ruas, ocupam escolas e universidades. Foi assim que ganharam o passe livre nos transportes e conquistaram outras pequenas mudanças. A cada ano, no entanto, voltam a lutar pelas grandes, como o acesso livre ao Ensino Superior.

Em 2018, o presidente, Sebastian Piñera, teve uma ideia para inibir as manifestações. Decretou a Lei Aula Segura, que facilitava expulsões em casos de desobediência. A ameaça só fortaleceu a geração que se intitulava "sem medo", como Ayélen e Víctor.

Os dois estavam no movimento estudantil desde os 13 anos e, aos 17, eram perfeitos representantes dos jovens netos da ditadura dispostos a exigir mudanças. O avô dela foi morto durante o regime militar, e o dele desapareceu detido. A porta-voz conta que percebia estar lutando contra as mesmas injustiças das gerações passadas e por isso tinha clareza de que a justiça social deveria alcançar não apenas os estudantes.

Os adolescentes continuaram nas ruas e pararam os transportes. A repressão foi violenta. Por meses, o centro de Santiago pareceu um campo de batalha. Trabalhadores e movimentos civis reforçaram os protestos. Mais de 3 mil se feriram, incluindo 200 que perderam um olho com balas de borracha. Houve 35 mortes e centenas foram presos.

Órgãos internacionais de defesa dos direitos humanos repudiaram a violência e ajudaram a soltar os estudantes. O governo voltou atrás no aumento da passagem e ofereceu aumento aos aposentados, mas não foi suficiente. Em dezembro de 2019 o presidente anunciou um plebiscito para que toda a população pudesse decidir se mudavam ou não a Constituição.

As manifestações acabavam de se acalmar quando chegou a semana da Prova de Seleção Universitária (PSU), que os estudantes querem derrubar. Ayélen, Víctor e muitos estudantes compareceram, mas, em vez de prestar a prova, ocuparam os locais de exame. No primeiro dia, foram alguns pontos; no segundo, mais; no terceiro, a prova foi totalmente cancelada.

Os porta-vozes disseram que seria injusto fazer a prova enquanto tantos estavam presos, mortos ou cegos. Outra data foi marcada. Outro boicote funcionou. Os estudantes querem o fim do vestibular e vagas no Ensino Superior para todos os interessados.

A Covid-19 chegou ao país e adiou o plebiscito por seis meses. O governo usou o tempo em que as ruas ficaram vazias para fazer campanha contra a mudança, mas perdeu: 78% da população votou a favor da causa pela qual os estudantes lutaram.

Leis ditatoriais

O Chile viveu uma ditadura entre 1973 e 1990 e, trinta anos depois, permanece com a mesma Constituição, ou seja, a mesma base legal. Para efeito de comparação, o Brasil mudou sua Constituição em 1988, apenas três anos depois do fim da ditadura militar, que durou de 1964 a 1985.

*"Uma escola democrática pode ser construída a partir do grêmio estudantil. É o espaço onde a gente conversa, pensa a escola e ganha responsabilidade"**

TORNOU SUA ESCOLA MAIS DEMOCRÁTICA

Rozana Barroso
Campos dos Goytacazes, RJ, Brasil — 2016

Ter entrado na escola técnica foi a realização de um sonho para Rozana Barroso. Respeitada pela qualidade, a Faetec (Fundação de Apoio à Escola Técnica) de sua cidade era concorrida. Foi preciso passar em uma prova para garantir a vaga, mas a realidade da escola estava muito longe da idealização. Havia problemas estruturais, como um pedaço de teto caindo. Faltavam materiais nos laboratórios e os alunos tinham eles mesmos de comprar luvas de proteção, agulhas e seringas, um custo pesado para muitos. Nem sabonete a escola oferecia. Os professores viviam preocupados por estarem com salários atrasados e a falta de merenda não permitia que o ensino fosse em tempo integral.

Havia muito a melhorar. Faltava também um grêmio ou algum instrumento para os estudantes se organizarem para exigir as melhorias. Rozana logo percebeu que não adiantaria apenas esperar; ela mesma teria de lutar para transformar a escola no lugar com que sonhava. Começou unindo-se a colegas de classe, informalmente, e pedindo para falar com a direção. Eles queriam levar suas reivindicações, mostrar o que era mais urgente e propor alternativas. Mas nem falar com o diretor – algo tão simples – conseguiram. O gestor não abriu um horário na agenda para recebê-los.

Com a tentativa de diálogo fracassada, Rozana começou a estudar mais opções. A inspiração sobre o que fazer veio de outros es-

---

*Às autoras durante apuração deste livro.

tudantes. Um ano antes, alunos da rede estadual paulista ocuparam suas escolas para evitar que fossem fechadas (uma história contada na página 54 deste livro). O ato começou a ser repetido em outras escolas do Brasil, transformando-se em um movimento amplo. Era uma forma de terem suas reivindicações ouvidas.

Rozana sabia que na capital do estado havia ocupações. Soube que os professores fretaram um ônibus para ir ao Rio de Janeiro participar de uma manifestação por salários e pediu uma carona. Aproveitou para visitar uma escola que estava ocupada. Com caderno e lápis à mão e muitas perguntas na cabeça, andou pela unidade, conversou com todos os que estavam lá, anotou tudo o que era preciso. Aprendeu em uma pesquisa de campo.

De volta a Campos de Goytacazes, reuniu amigos que também estavam dispostos a ocupar a escola, dividiram responsabilidades, arrecadaram dinheiro para comprar correntes, cadeados e colchonetes. A ocupação começou.

Embora sem aulas no formato tradicional, os estudantes que participaram do movimento aprenderam muito com atividades culturais e práticas. Lições para a vida. Num primeiro momento, os estudantes que estavam na ocupação dividiram as tarefas da seguinte forma: as meninas ficam responsáveis pela comida e os meninos, pela segurança. Em uma das assembleias diárias, porém, perceberam que as tarefas não precisam ser divididas por gêneros.

Por dois meses, revezaram-se nas tarefas e mostraram suas reivindicações. Se antes não tinham sido recebidos pelo diretor, nesse curto período conseguiram participar de duas reuniões com o presidente da Faetec, responsável por toda a rede de escolas técnicas do estado.

Nem tudo se resolveu, mas as conquistas foram enormes: houve liberações de verbas para reforma de problemas estruturais em todas as unidades. Os estudantes foram incluídos no conselho da Faetec. A unidade teve uma nova direção, desta vez eleita pela comunidade escolar, em vez de indicada. A escola passou a contar com um grêmio. Em 2020, Rozana tornou-se presidente da União Brasileira dos Estudantes Secundaristas e, agora, pressiona não apenas o diretor, mas políticos de todo o país.

Garantia na lei

Uma lei federal de 1985, a de número 7.398, garante aos estudantes o direito de se organizarem em grêmios, que podem ter objetivos culturais, esportivos, sociais, educacionais e cívicos. Os estudantes têm autonomia garantida: os representantes devem ser eleitos pelo voto direto dos alunos e as atividades do grêmio devem ser definidas em um estatuto próprio, aprovado em assembleias também pelos estudantes.

*"Meu conselho para os jovens é que entendam que já são líderes. Você pode trabalhar agora para melhorar a vida em sua comunidade. É possível reimaginar este mundo mais seguro e inclusivo"**

DENUNCIOU TRATAMENTO DESIGUAL A ESCOLAS

Alliyah Logan
Nova York, Estados Unidos — 2017

Desde criança, Alliyah Logan se acostumou com violência e polícia na escola. No Bronx, distrito de Nova York em que nasceu, brigas eram tão rotineiras quanto batidas policias. Os estudantes viviam sob ameaça de suspensão e regras rígidas de comportamento. Todo mundo conhecia alguém que já tinha levado um tiro ou sido levado detido à delegacia. Quando seu irmão mais velho passou para o Ensino Médio, começou a ser submetido a um detector de metais na entrada da escola.

Ela não queria ser tratada daquela forma e pesquisou outras possibilidades. Aos 14 anos, foi estudar em Manhattan, como se chama a parte rica e prestigiada de Nova York. Precisava viajar uma hora e meia até o local todos os dias, mas quando chegava não havia polícia na porta, muito menos detectores de metal. Estava segura.

Aliviada, ela comentou com as novas amigas sobre o assunto. Percebeu que nenhuma tinha experimentado episódios de violência cotidiana na escola. Conectou os pontos: a política de "tolerância zero" da polícia de Nova York só valia para escolas como as do Bronx, em que a maioria dos estudantes eram negros como ela. Os colegas brancos dos bairros centrais nem saberiam como reagir a uma batida policial.

Alliyah sempre quis fazer algo por sua comunidade e decidiu começar por contar a todos que havia outras realidades. Conta-

---

*Às autoras durante apuração deste livro.

va aos jovens de Manhattan sobre a truculência que via no Bronx e, a seus vizinhos, quais direitos estavam sendo negados a eles. Começou a integrar movimentos como a União dos Direitos Civis de Nova York, que, no mesmo ano, solicitou à Polícia do Estado que divulgasse os critérios para atuação em escolas. Até hoje a instituição nega os dados e um processo corre na justiça.

Em 2018, conheceu a Youth Over Guns (Jovens Contra as Armas), organização criada logo depois de um atirador matar 17 pessoas em uma escola na Filadélfia. Os jovens aproveitaram a cobertura mundial da mídia para chamar atenção para a proporção de outras mortes. Atiradores como o caso do momento respondiam por apenas 2% do total de assassinatos nos Estados Unidos. Enquanto isso, milhares morriam em conflitos na periferia sem que houvesse comoção. "Vidas negras importam", gritavam durante uma marcha.

Alliyah queria que outros jovens do Bronx pudessem participar de eventos assim e sentir o poder que tinham coletivamente. Em seu ativismo mostrava como a escola era diferenciada conforme o código postal e a classe social dos estudantes. Jovens nascidos em bairros privilegiados tinham mais recursos educacionais e eram preparados para a faculdade. Aqueles que estudavam em bairros negros, latinos e pobres recebiam menos investimentos e eram apresentados a regras parecidas com as do sistema carcerário.

A primeira roda de conversas que promoveu para falar dos direitos dos estudantes ocorreu no Bronx, em uma das escolas em que só se entrava após passar por detectores de metais. Alliyah questionava a presença policial e também as regras mais duras. As suspensões, por exemplo, tiravam o acesso à escola por determinado tempo, o que aumentava as chances de abandono e de possíveis dificuldades de aprendizagem.

Ainda no Ensino Médio, a jovem foi destaque no jornal *The New York Times* e na revista *Teen Vogue* por seu ativismo. Em 2019, passou a fazer parte de um programa de jovens ativistas das Nações Unidas.

Em 2020, começou a cursar Relações Internacionais. Seu objetivo é criar para todas as minorias o que encontrou quando mudou de bairro: uma escola segura.

Escola-prisão

O link entre escola e prisão é um fenômeno tão estudado nos Estados Unidos que tem até uma sigla: SPP (de School-to-Prision Pipeline). A linha direta entre escolas com presença policial e o sistema judicial ficou mais forte depois da política de tolerância zero, que aumentou punições como suspensão. Estudos mostram que a punição aumentou apenas para negros e latinos. Apesar de os afrodescendentes e os latinos serem apenas um terço da população nos Estados Unidos, são atualmente 70% dos estudantes levados a delegacias. No sistema carcerário, 61% da população é negra ou latina.

"Eu quero evitar que mais jovens saiam da escola. Assim como eu tenho meu sonho, eles também têm – e para isso precisam estudar. O que eu faço é lembrá-los deste sonho"
Alicy Neres*

REDUZIRAM O ABANDONO EM SUA ESCOLA

Alicy Neres e Liliane Araújo
Santana do Cariri, CE, Brasil — 2018

Um dos piores problemas da educação brasileira é a evasão escolar. De cada 10 jovens, três abandonam os estudos antes de concluir a educação básica. Nas pequenas cidades da zona rural, essa é uma realidade ainda mais comum – e assim costumava ser em Santana do Cariri, no Sertão do Ceará, até que duas amigas decidiram não aceitar as cadeiras vazias que aumentavam ao seu redor com o passar das semanas.

Alicy Neres e Liliane Araújo se conheciam por serem monitoras no Museu de Paleontologia, que é a principal atração da cidade de 17 mil habitantes. Elas ingressaram juntas, aos 15 anos, na escola estadual Adrião do Vale Nunes, a única de Ensino Médio do município. Logo no primeiro mês de aula, repararam que um colega faltava repetidamente e pensaram em uma forma de ajudar.

O colega não tinha telefone e morava em um bairro afastado. A solução inicial foi escrever uma carta. Assinaram em nome da turma toda e pediram ao professor que morava na mesma região que levasse. Funcionou. Na semana seguinte, o jovem estava de volta. As duas amigas conversaram e o acolheram; mas, dali a alguns meses, ele voltou a faltar. Elas decidiram não recuar e, então, pediram ao professor que levasse não uma carta, mas elas mesmas até a casa do colega.

Pessoalmente, puderam entender os motivos da ausência do

*Às autoras durante apuração deste livro.

jovem, que já ajudava na lavoura, mas também motivá-lo a buscar uma vida melhor pela insistência nos estudos. Ele voltou para a escola e a experiência marcou as amigas. Começaram a fazer rodas de conversa sobre o assunto e, quando pensavam em um projeto para a feira de ciências no município vizinho, elegeram o tema da evasão escolar.

Receberam apoio dos professores e de outros alunos. Foi assim que nasceu o "Células Motivadoras", grupos de estudantes da escola que promovem conversas, visitas e enviam cartas para incentivar que outros estudantes persistam. No fim de 2018, o total de abandonos caiu 25% em comparação com o ano anterior – de 79 para 59. No final de 2019, o resultado aumentou e foram 44 evadidos ao todo, zero no período da tarde, em que as duas estudavam. Mais do que números, elas mudaram algumas vidas.

Entre as desistências evitadas, algumas eram de jovens gestantes que, diante da gravidez, deixavam de ir à escola. As motivadoras levantavam o total de faltas anteriores, faziam as contas e mostravam às colegas como ainda podiam terminar o ano. Alicy conta que, a princípio, a visita deixava alguns alunos apreensivos, com medo do que os pais achariam, mas muitas vezes a família aproveitava a deixa para apoiar os estudos dos jovens.

Aos poucos, o clima da escola melhorou. A gestão acostumou-se com a ação e imprimia para o grupo um relatório de faltas mensais, que ajudava a planejar as ações. Alguns dos estudantes passaram a frequentar as rodas de conversa quinzenais para buscar ajuda e receberam apoio para enfrentar preconceitos ou ouviram dicas de como lidar com dificuldades.

Um dos alunos diz que o projeto salvou sua vida. Depois

de anos vivendo em Salvador, ele voltou para perto dos pais na pequena cidade abalado pelo suicídio do melhor amigo. Encontrou dificuldade de conversar em casa e fazer novas amizades. O adolescente só começou a superar esses problemas com o acolhimento do grupo, do qual passou a ser um dos participantes engajadores.

Em 2020, Alicy e Liliane começaram o último ano do Ensino Médio e se preocuparam em conquistar ingressantes do primeiro ano para manter o "Células Motivadoras" no futuro. Veio a pandemia de Covid-19, que fechou a escola, e o grupo ficou sem contato com quase todos os colegas. O desafio do "Células Motivadoras", de repente, se tornou mundial.

Antes de terminar

A cada três jovens que completam 19 anos no Brasil, um não concluiu o Ensino Médio, ou seja, perdeu ao menos um ano de estudo (ou o pior: desistiu da escola). Em 2019, mais de 600 mil estudantes de 15 a 17 anos estavam fora da escola no país. As principais causas são necessidade de trabalhar ou de cuidar da casa e gravidez precoce; mas cerca de 40% relatam apenas perder o interesse.

"Por também ser uma estudante, fiquei horrorizada ao saber que uma função biológica natural estava negando a meninas o direito a uma educação com equidade e comprometendo seu desempenho acadêmico"*

CONSEGUIU ABSORVENTES PARA ESTUDANTES

Amika George
Londres, Inglaterra — 2017

Com 17 anos e uma vida confortável, a inglesa Amika George leu uma notícia sobre adolescentes que deixavam de ir à escola nos dias em que estavam menstruadas porque não tinham dinheiro para comprar absorventes. Todos os meses, contava a reportagem, elas perdiam vários dias de aulas e deixavam de fazer provas, o que comprometia seriamente seu rendimento escolar.

O que mais surpreendeu Amika foi onde se encontravam essas garotas: não estavam em uma região pobre do outro lado do globo, mas na Inglaterra, seu próprio país e um dos mais ricos do mundo. Provavelmente havia adolescentes de sua escola, do seu bairro, que passavam mensalmente por esse constrangimento, sem que ela nunca tivesse se dado conta disso. Por vergonha, ninguém costumava falar do problema.

A surpresa logo se transformou em indignação. E a indignação, em vontade de mudar a situação. Começou de dentro de seu quarto, usando o computador depois de terminar as tarefas da escola. Amika lançou um abaixo-assinado para levar ao governo, pedindo a distribuição de absorventes menstruais em todas as escolas públicas.

Como precisava recolher um grande número de assinaturas, teve de mobilizar a opinião pública para sua causa. Usando as redes sociais, conseguiu. Conquistou, por exemplo, o apoio de modelos e estilistas britânicos, que passaram a tratar do assunto publicamen-

*Em artigo escrito ao jornal The Guardian.

te. A campanha com a *hashtag* #freeperiods (algo como "liberdade durante a menstruação", em português) ganhou espaço também em mídias tradicionais. Amika foi entrevistada e escreveu artigos para os principais jornais e revistas ingleses.

Em um ano, reuniu mais de 200 mil assinaturas. A reivindicação saiu do mundo virtual e chegou também ao mundo real com uma manifestação em frente à sede do Executivo britânico, com milhares de apoiadores vestidos de vermelho. Mas convencer os políticos a mudarem as engrenagens da burocracia não foi tão rápido.

Amika conheceu e ouviu pessoalmente o relato de jovens que faltavam às aulas quando estavam menstruadas, e que finalmente se sentiam à vontade para falar do problema com alguém. Contudo, nem todos estavam felizes com a visibilidade do assunto. Recebeu muitas críticas por trazer a público um "assunto de mulher". Frases como "se vocês querem absorventes, eu quero lâmina de barbear" foram bastante comuns.

Foi assim que ela percebeu que, além de uma campanha por produtos de higiene, toda a discussão contribuía para outra questão importante: ao falar abertamente sobre menstruação, estava contribuindo para que o assunto deixasse de ser um tabu. Já era uma vitória, ainda que parcial.

Demorou três anos para que Amika conquistasse seu objetivo inicial e o governo inglês aprovasse uma resolução prevendo a distribuição gratuita de absorventes menstruais. Desde janeiro de 2020, o Ministério da Educação da Inglaterra destina uma verba para a distribuição gratuita de absorventes menstruais a alunas de escolas públicas.

A luta, porém, não terminou por aí. Mesmo depois de um

ano do direito conquistado, mais da metade das escolas do país não haviam dado entrada no pedido para ter os absorventes. Amika fundou uma ONG e prometeu não descansar até que todas as escolas abordem o problema e ofereçam os absorventes. Também está envolvida com as discussões sobre pobreza menstrual, que vêm ganhando espaço mundo afora.

Pobreza menstrual

Ao redor do mundo, mulheres e meninas são excluídas de atividades básicas como comer certos alimentos ou se socializar por conta da menstruação. Muitas vezes, a vergonha cultural associada à menstruação se junta à escassez de recursos, o que impede as meninas de ir à escola e as mulheres, de trabalhar. A pobreza menstrual se caracteriza tanto pela falta de acesso a produtos sanitários – absorventes, banheiros, instalações para lavar as mãos e gestão de resíduos – como pela falta de educação sobre o assunto.

"Não adianta a bola no ar, só uma ideia. Tem como mudar a escola, mas tem que saber chegar na gestão. Tem que estruturar para ganhar apoio"
Jefferson de Oliveira*

TORNARAM O XADREZ FERRAMENTA DA ESCOLA

Jefferson de Oliveira, Leonardo Pacheco, Rodrigo Cardoso e Rogerio Castro
São Gonçalo, RJ, Brasil — 2017

Hora do intervalo no Ciep Haroldo Teixeira Valadão, em São Gonçalo, Rio de Janeiro e quatro amigos foram ao vestiário com uma tarefa simples: buscar tapetes de borracha para uma apresentação de artes marciais. Curiosos, fuçaram umas caixas fechadas e saíram de lá com três tabuleiros e relógios de xadrez que os levariam a transformar a escola em um ponto de aprendizagem do jogo de estratégia mais conhecido do mundo.

Quem achou os tabuleiros foi Jefferson de Oliveira, de 15 anos, que se surpreendeu porque estudava ali desde os 11 anos e nunca soube da existência de tabuleiros de xadrez na escola. Ele lembraria se tivesse visto o jogo antes porque, quando criança, depois de ver uma pessoa jogar na rua, se interessou, pesquisou as regras e começou a jogar *on-line*. Parou em poucas semanas exatamente por não conhecer mais ninguém que soubesse jogar.

Ele contou a história aos três colegas e perguntou se um deles, por acaso, sabia. Roger havia aprendido em uma biblioteca. Rodrigo, com um amigo do pai. Leonardo, com a mãe, que estudou o básico só para ensinar ao filho. A coincidência os animou a juntar tudo, levar até a diretoria e pedir autorização para usar.

A diretora concordou e os amigos começaram no mesmo dia. Roger versus Rodrigo, Jefferson versus Leonardo, depois trocavam

*Às autoras durante apuração deste livro.

e... rapidamente enjoaram. Precisavam de novos adversários, mas não sabiam como descobri-los.

Roger teve a ideia de ensinar a outros estudantes. Foram falar com um professor que os encaminhou a uma colega que buscava adeptos para sua nova disciplina que surgiu com a extensão do horário escolar naquele ano: Projeto de Pesquisa e Intervenção. Os quatro se lembram dessa fase como a mais difícil. Em vez de jogar, tiveram de colocar os planos no papel antes de executá-lo. Afinal, não era só no jogo que precisavam ter paciência e estratégia. A próxima etapa foi apresentar o curso no pátio para todas as turmas do Ensino Fundamental e anunciar o começo das aulas.

No primeiro dia, vieram quatro alunos. Depois de um mês, eram 11. De segunda a quinta davam aula e, na sexta, estudavam o jogo. Foram conhecer grupos de xadrez comunitário e ganharam da professora um quarto tabuleiro. Ao final daquele ano, inscreveram o projeto "Xeque-Mate" no Prêmio Criativos da Escola, que reconhece jovens inovadores. Ficaram entre os vencedores.

No ano seguinte, eram dezenas de alunos por dia. O professor de matemática aproveitou o interesse e passou a usar tabuleiros em suas aulas. Ganharam uma sala própria ao lado da diretoria e incluíram uma "Semana do Xadrez" no calendário oficial da escola. Até um ex-campeão nacional foi fazer uma partida simultânea com os melhores jogadores.

Um dia, o grupo fundador estava saindo para uma excursão do Ensino Médio quando um colega do Ensino Fundamental os abordou chateado: "Então, hoje não tem xadrez?", perguntou. Roger tomou coragem de dar a chave da sala a ele. Disse para cuidarem de tudo e deixarem na direção quando terminassem.

Ao voltar da excursão, cinco horas depois, foi checar como estavam os tabuleiros. Lembra de se aproximar receoso da sala em silêncio, com medo de que não estivesse tudo no lugar. Os alunos do Fundamental ainda estavam na sala e disseram a ele que nem entrasse, pois sabiam o que fazer. Aquele dia marcou o grupo: não era mais um jogo deles, o xadrez passou a fazer parte da escola.

Estratégia

O xadrez foi criado na Índia por volta do século 6 e se espalhou pelo mundo se adaptando a cada época. As 16 peças de cada jogador carregam simbologias que representam muitas culturas. A partir de 1800, começaram a existir campeonatos mundiais oficiais. É reconhecido como esporte, arte e ciência da estratégia por não envolver sorte. A matemática, a psicologia, a computação e a política são algumas das áreas de conhecimento que estudaram o jogo e podem ser desenvolvidas a partir dele.

"Eu não deveria estar aqui. Eu deveria estar na escola.
Mas vocês vêm a nós jovens pedir esperanças. Como ousam?"*

DEIXOU DE IR À ESCOLA PARA PROTESTAR

Greta Thunberg
Estocolmo, Suécia — 2013

Aula de Ciências do 4º ano. A professora fala do aquecimento global e dos danos irreversíveis para milhares de espécies e milhões de pessoas caso as emissões de gás carbônico continuem nos níveis atuais por mais alguns anos. Um conteúdo que entristece muitas crianças ao redor do mundo. Uma delas, a sueca Greta Thunberg, simplesmente não conseguiu seguir a vida normalmente. Ela sofreu, adoeceu e depois reagiu até o mundo inteiro prestar atenção àquela aula.

Quando ouviu sobre a crise climática pela primeira vez, a menina tímida e aplicada duvidou da informação. Afinal, se houvesse pouco mais de uma década para reduzir o aquecimento global antes de ser tarde demais, esse seria o principal assunto no mundo todos os dias, pensou. Obcecada e inteligente, ela estudou mais e mais – e tudo se confirmava. Os pais tentaram convencê-la de que não era bem assim e ainda havia tempo, mas ela respondia com dados científicos. Para piorar, outras crianças faziam *bullying* com sua dor. Aos 11 anos, Greta entrou em depressão, depois parou de falar e, finalmente, de comer.

Os médicos a diagnosticaram como autista com Síndrome de Asperger, Transtorno Obsessivo Compulsivo e mutismo seletivo, o que explicava a alta capacidade de compreensão dos dados e a incapacidade de aceitar esperanças infundadas. Depois de ver a filha

*Em discurso na Assembleia Geral da ONU.

perder 10 quilos, a família parou de comer carne, instalou painéis de energia solar, começou uma horta. A mãe, cantora de ópera que se apresentava em diferentes países a trabalho, parou de viajar de avião para não compactuar com a poluição do meio de transporte.

Greta foi transferida para uma escola específica para autistas. A depressão e o distúrbio alimentar causaram danos a seu crescimento físico. Ela continuava a falar pouco e apenas com pessoas em quem confiava, mas nunca deixou de estudar as mudanças climáticas. Até que um dia decidiu começar a agir.

Em maio de 2018, anunciou que deixaria de estudar até as eleições de seu país, em setembro. Em vez de ir para a escola, protestaria pelo meio ambiente. A princípio, a família e os professores foram contra, mas acabaram por apoiar ao finalmente vê-la empolgada. Em frente ao parlamento, com sua mochila e um cartaz à mão, ela explicava a ação em um folheto: "Meu nome é Greta, estou no 9º ano e em greve escolar pelo clima. Já que vocês adultos não ligam a mínima para o meu futuro, eu também não".

A foto e o protesto também foram para as redes sociais. No segundo dia, um estudante apareceu para fazer companhia. Logo, eram oito pessoas em greve escolar, que passaram a 40 e, rapidamente, centenas de estudantes começaram a fazer o mesmo em diferentes países. Depois das eleições, Greta decidiu continuar em greve às sexta-feiras e lançou assim a "Greve pelo clima", que no ano seguinte alcançou 4 milhões de estudantes em todos os continentes.

Greta acusou governantes e empresas de roubarem o futuro de sua geração para manter um crescimento econômico insustentável. Conseguiu promessas de investimentos e mudanças de políticas de vários países e causou a ira de outros, como do então presidente do Brasil, Jair Bolsonaro, que a chamou de "pirralha".

Aos 16 anos, no Fórum Econômico Mundial, que acontece na Suíça, manteve o mesmo tom urgente que a levou a mergulhar profundamente no assunto. "Eu quero que vocês entrem em pânico, como se nossa casa estivesse em chamas, porque está", disse.

Aceitou até o convite para falar na sede das Nações Unidas, que fica do outro lado do Oceano Atlântico, nos Estados Unidos. Seu discurso começou na prática: optou por viajar duas semanas a bordo de um veleiro sem deixar rastro de poluição. A menina com mutismo seletivo se tornou a principal voz contra o aquecimento global.

Mudança climática

Segundo estudo publicado pelo Painel Intergovernamental de Mudanças Climáticas (IPCC) em 2018, as emissões de gases precisam cair para a metade dos níveis atuais até 2030 para que o aquecimento global fique abaixo de 1,5°C. Tal aumento resultaria em secas e inundações que causariam danos a milhões de pessoas. Apesar de o objetivo ainda ser tecnicamente possível, o comportamento e as tecnologias precisam mudar radicalmente. São necessárias a drástica redução de uso de combustível fóssil, do desperdício de consumo e fabricação e da produção de carne.

"Somos nós, estudantes, que vivemos a escola todos os dias. Por isso, coube a nós mostrar que não aceitávamos um risco desse. Cada um pode lutar para melhorar a escola, deixar uma marca positiva"
Afonso Gageiro*

CONSEGUIRAM A RETIRADA DO AMIANTO DE ESCOLAS

Afonso Gageiro, Sofia Ferreira e Matilde Gonçalves
Lisboa, Portugal — 2019

Quando se viu com o megafone nas mãos e encarou os dois mil manifestantes que o acompanhariam na marcha, Afonso Gageiro sentiu-se nervoso como nunca. Jamais havia se imaginado falando para um público tão grande. Tinha ao seu lado as duas amigas, Sofia Ferreira e Matilde Gonçalves, que, junto a ele, organizaram o protesto. Mas, acima de tudo, tinha clareza de qual era sua missão: emprestar sua voz a uma reivindicação antiga dos estudantes portugueses.

Superou o nervosismo para dar início à manifestação e exigir a remoção urgente do amianto de sua escola e de todas as escolas do país. Estavam todos fartos de esperar.

Atualmente sabe-se que o amianto é um material cancerígeno – por isso, está proibido em toda a União Europeia desde 2005. Contudo, ele foi utilizado em Portugal em larga escala, particularmente entre 1945 e 1990, como matéria-prima barata para telhas, revestimentos e coberturas de edifícios. Inclusive em centenas de escolas.

O risco à saúde é bem conhecido por alunos, professores e até pelas autoridades. Aos 16 anos, alunos do 11º ano (equivalente ao 2º do Ensino Médio no Brasil), Afonso, Matilde e Sofia já tinham ouvido falar do problema algumas vezes e escutado várias promessas das autoridades, mas não observavam ação.

Em 2011, foi feita uma lei determinando a remoção de todo

---

*Às autoras durante apuração deste livro.

amianto das escolas portuguesas. O governo, porém, levou três anos apenas para fazer uma lista das escolas que precisavam de intervenção. Oito anos depois de a lei ter sido promulgada, foi tudo o que os estudantes receberam: uma lista de escolas e promessas nunca cumpridas. Milhares estavam se formando e saindo da escola sem que o amianto fosse retirado.

Depois de assistir a uma palestra em que um ambientalista falou do assunto, os três amigos concordaram que, se os adultos nada faziam, era hora de eles agirem. Primeiro, formaram um clube ambiental com outros colegas da escola. Chamaram o professor de Biologia, que aceitou ajudá-los. Arrecadaram dinheiro e contrataram uma empresa para fazer um levantamento detalhado de todos os pontos em que havia amianto. Descobriram que a escola, de fato, precisa de uma reforma para estar segura.

Os estudantes perceberam, porém, que não adiantaria resolver o problema por eles mesmos. Havia centenas de escolas na mesma situação. Decidiram que seu papel era pressionar o poder público a agir. Levaram a ideia de fazer um protesto até o diretor das escolas do bairro, que considerou a demanda justa e passou a ser um aliado.

No dia 10 de outubro de 2019, estudantes, professores e funcionários de duas escolas – da Escola Básica Gaspar Correia e da Secundária da Portela e Moscavide, onde estudavam os três – deixaram as salas de aula e foram para as ruas exigir a retirada de todos os materiais que contêm amianto. A ação liderada pelos estudantes chamou a atenção de televisões e jornais do país, que deram grande destaque à marcha.

Inspirados pelo exemplo de Afonso, Sofia e Matilde, estudantes de outras escolas do país passaram a fazer protestos semelhantes, mostrando que estavam todos cansados de esperar.

    O governo sentiu a pressão da mobilização estudantil e finalmente começou a se mexer. Aprovou um orçamento de 78 milhões de euros e lançou o cronograma para fazer as intervenções em 486 escolas. Em setembro do ano seguinte, o amianto começou a ser retirado da primeira escola. Os estudantes prometem ficar atentos até que a última telha seja retirada.

Produto cancerígeno

Amianto é o nome comercial que se dá a seis fibras minerais extraídas de rochas. Além do baixo custo, elas têm características como isolamento, elasticidade e resistência ao fogo, que as fizeram ser amplamente usadas em construções. No entanto, o material é cancerígeno. Caso sejam soltas no ar, as fibras inaladas se depositam nos pulmões. Doenças associadas, sobretudo o câncer, podem aparecer vários anos mais tarde.

"Estudantes têm um papel fundamental na melhoria da educação, porque entendem o que é necessário. E podem usar suas próprias experiências para criar projetos significativos para toda a comunidade educativa"*

AJUDOU PROFESSORES NO ENSINO REMOTO

Elmar Ismagilov
Ufa, Rússia — 2020

  Em março de 2020, a pandemia do novo coronavírus fez com que a escola de Elmar Ismagilov suspendesse as aulas presenciais por tempo indeterminado. Ele estudava na escola internacional Sotogrande, em Cádiz, Espanha, mas era um imigrante. Decidiu aproveitar o fechamento da instituição para voltar para a casa de seus pais, na Rússia.

  Elmar tinha deixado sua família e sua cidade natal aos 15 anos de idade em busca de uma vivência internacional que lhe permitisse ampliar horizontes. Ele nasceu em Ufa, uma cidade gelada com atividade econômica focada na indústria petroquímica, que fica a 20 horas de distância de carro da capital do país, Moscou. Sem abrir mão de sua identidade, na Espanha ele pôde conhecer outras culturas. Pôde, por exemplo, explorar seu interesse pela música de formas diferentes. Aproveitando os anos de estudos em piano clássico, tornou-se DJ.

  Ao chegar de volta à Rússia para um período mais longo que as férias, focou-se primeiro em seus próprios estudos, usando diversas ferramentas para a educação a distância, conforme orientação dos professores. A princípio, a pandemia estava menos grave em seu país de origem.

  Mas a calmaria durou pouco. Com o passar dos meses, o número de casos de Covid-19 aumentaram vertiginosamente no mun-

*Às autoras durante apuração deste livro.

do inteiro. Na Rússia, o ápice da primeira onda de contaminações foi em maio. As escolas da região de Ufa também tiveram de suspender as aulas presenciais.

Quando viu no noticiário local quais eram as recomendações do governo para o ensino remoto, Elmar percebeu um grande despreparo para realizar a troca do presencial pelo virtual. Apesar de ele ser ainda um estudante, já tinha certa experiência por ter vivido longe de sua terra natal e por ter sido atingido antes pela pandemia. Sentiu que poderia ajudar.

Entrou em contato com diretores de escolas da cidade, oferecendo suporte. O diretor de sua antiga escola aceitou a ajuda. Assim, ele acabou indicando ferramentas e fazendo oficinas para ensinar os professores a usá-las.

Elmar sempre se interessou por informática e tinha facilidade em lidar com novas ferramentas tecnológicas. Em sua ação para ajudar a escola russa, contudo, precisou enfrentar desafios bem além dos tecnológicos: conseguir se comunicar de forma clara, entender as necessidades específicas daquela escola, envolver os professores que até então tinham pouca ou nenhuma cultura para a educação *on-line*. Teve de lidar com grupos de diferentes idades, com conhecimentos prévios muito distintos.

O resultado final acabou sendo aprendizados mútuos. A escola de Ufa ganhou treinamento gratuito para seus docentes e indicações de bons aplicativos, o que beneficiou centenas de alunos, mas até para Elmar a iniciativa trouxe vantagens acadêmicas. A consultoria que deu tornou-se um projeto de campo em que aplicou uma série de conteúdos e desenvolveu competências previstas no currículo de seu colégio na Espanha. Fazer uma ação prática como essa era um dos requisitos para conseguir seu diploma de Ensino Médio.

    A iniciativa pode continuar repercutindo a longo prazo, pois fez com que duas escolas diferentes, de países e realidades muito distintas, se abrissem e se conectassem. Independentemente de notas, Elmar considera que ajudar a antiga escola era simplesmente a coisa mais importante que poderia fazer nas circunstâncias em que ele e o mundo se encontravam.

Pandemia

A maioria dos governos de todo o mundo fecharam temporariamente as instituições de ensino na tentativa de conter a pandemia de Covid-19. Segundo a Unesco, esses fechamentos impactaram mais de 70% da população estudantil do mundo. No pior momento, em abril de 2020, os fechamentos das escolas atingiram 190 países. Em setembro, a Organização Mundial da Saúde mudou a recomendação para abertura prioritária das escolas, pois o fechamento prolongado provoca perdas de saúde mental e aprendizagem, além de aumentar o risco de abandono escolar, sobretudo entre os estudantes mais vulneráveis.

"Não deixe de sonhar e ser persistente. Mesmo que seja difícil, resgate sua essência; seu desejo interior pode ser o que falta para uma mudança positiva"*

LEVOU VOLUNTÁRIOS, MÚSICA E LIVROS À ESCOLA

Álvaro Samuel
Guarulhos, SP, Brasil — 2017

 Álvaro Samuel sempre foi desses estudantes que adoram desafios. No 7º ano do Ensino Fundamental, sem dificuldades na escola, resolveu se dedicar a um colega autista que sofria *bullying*. Sentava ao seu lado e, para evitar aglomerações, saíam cinco minutos antes do fim da aula e andavam pelos corredores. Foi em um desses dias que viu o cartaz do programa *Quero na Escola* com a pergunta "O que mais você quer aprender?".

 Aos 14 anos, ele já colecionava aprendizados das oportunidades que encontrou na vida. Tocava violino, que aprendeu na igreja, e estudava espanhol e francês em um centro de línguas público. A diferença é que o cartaz não oferecia uma aula específica, mas qualquer uma que um estudante quisesse. A organização não governamental buscaria voluntários dispostos a ensinar na própria escola pública do aluno, no caso a estadual João Luiz de Godoy Moreira, em Guarulhos, na Grande São Paulo.

 Pensou em temas importantes que fossem pouco falados. Ao chegar em casa entrou no site e pediu *xenofobia* e *racismo*. Nem comentou com ninguém, pois achou improvável ser atendido. Uma especialista em Direitos Humanos e um autor negro viram os pedidos no site e se cadastraram para ajudar. A equipe do *Quero na Escola* conversou com a professora responsável por receber convidados na escola e ambos foram conhecer a ele e ao restante da

---

*Às autoras durante apuração deste livro.

turma e falar sobre os assuntos que Álvaro solicitou.

No ano seguinte, ele viu no programa uma oportunidade para conhecer profissionais das áreas que pensava em seguir e pediu voluntários desses temas. Quem o convenceu foi uma arquiteta. Ela levou um escalímetro, espécie de régua para desenho técnico, e *slides* sobre vários enfoques possíveis em projetos de construção. Álvaro voltou ao site do *Quero na Escola* com mais um monte de coisas que descobriu que queria aprender, como "luminotécnica", "maquete" e "calorimetria", mas também se inscreveu para o processo seletivo do Ensino Médio técnico em Design de Interiores. E passou.

A Escola Técnica Estadual Carlos de Campos oferecia várias novidades, e Álvaro queria aproveitar todas. Uma delas era o piano no pátio. Não era o instrumento que melhor sabia tocar, mas tentou. Sem condições. Soube pelos colegas que faltava manutenção há anos e que pensavam em fazer alguma ação para arrumá-lo. Voltou ao programa *Quero na Escola* em busca de um afinador.

Três meses depois, em pleno recesso escolar, um músico voluntário foi à escola ajudá-lo. Passaram uma tarde no piano. Depois da volta às aulas, todo intervalo tinha música tocada por estudante.

Álvaro também passou a fazer parte do Conselho de Estudantes, um grupo de adolescentes que ajuda o *Quero na Escola* a divulgar a iniciativa e testa novidades. Quando a Covid-19 fechou as escolas no Brasil, depois de realizar atividades *on-line* por alguns meses e perceber o cansaço dos jovens com o formato, as organizadoras do programa convocaram uma reunião com o grupo para pensar em outra forma de ajudar durante a quarentena.

Os estudantes entendiam a necessidade do distanciamento, mas lamentavam perder o acesso à escola em si. Álvaro mais uma vez falou com a propriedade de quem é o principal interessado em estudar: gostaria de ter acesso aos livros que seriam cobrados quando ele prestasse vestibular.

Com as escolas fechadas, além da falta de professores, os estudantes estavam sem acesso a equipamentos, como as bibliotecas. O pedido trazia uma necessidade óbvia e moveu uma nova campanha da ONG, a "Quero Livro". Enquanto as escolas seguiam fechadas, os estudantes listaram livros que gostariam de ler, e voluntários enviaram diretamente a eles.

Álvaro foi um dos primeiros a receber duas obras. Em sua escola, 28 estudantes receberam livros de presente. Muitos iam com bilhetes dos doadores com histórias particulares e um recado comum: parabéns pelo protagonismo. A iniciativa de estudantes traz esperanças de um mundo melhor.

Quero na Escola

O Quero na Escola é um programa criado em 2015 para que estudantes de escolas públicas do Brasil possam dizer o que mais gostariam de aprender além do currículo da escola. Os pedidos são feitos pelo site queronaescola.com.br. A partir das demandas, voluntários se dispõem a ajudar e a equipe da ONG conversa com os educadores da escola para organizar uma ação sobre o tema. Foi por causa do Quero na Escola que as autoras deste livro tiveram a ideia de contar histórias sobre o alcance do protagonismo de estudantes.

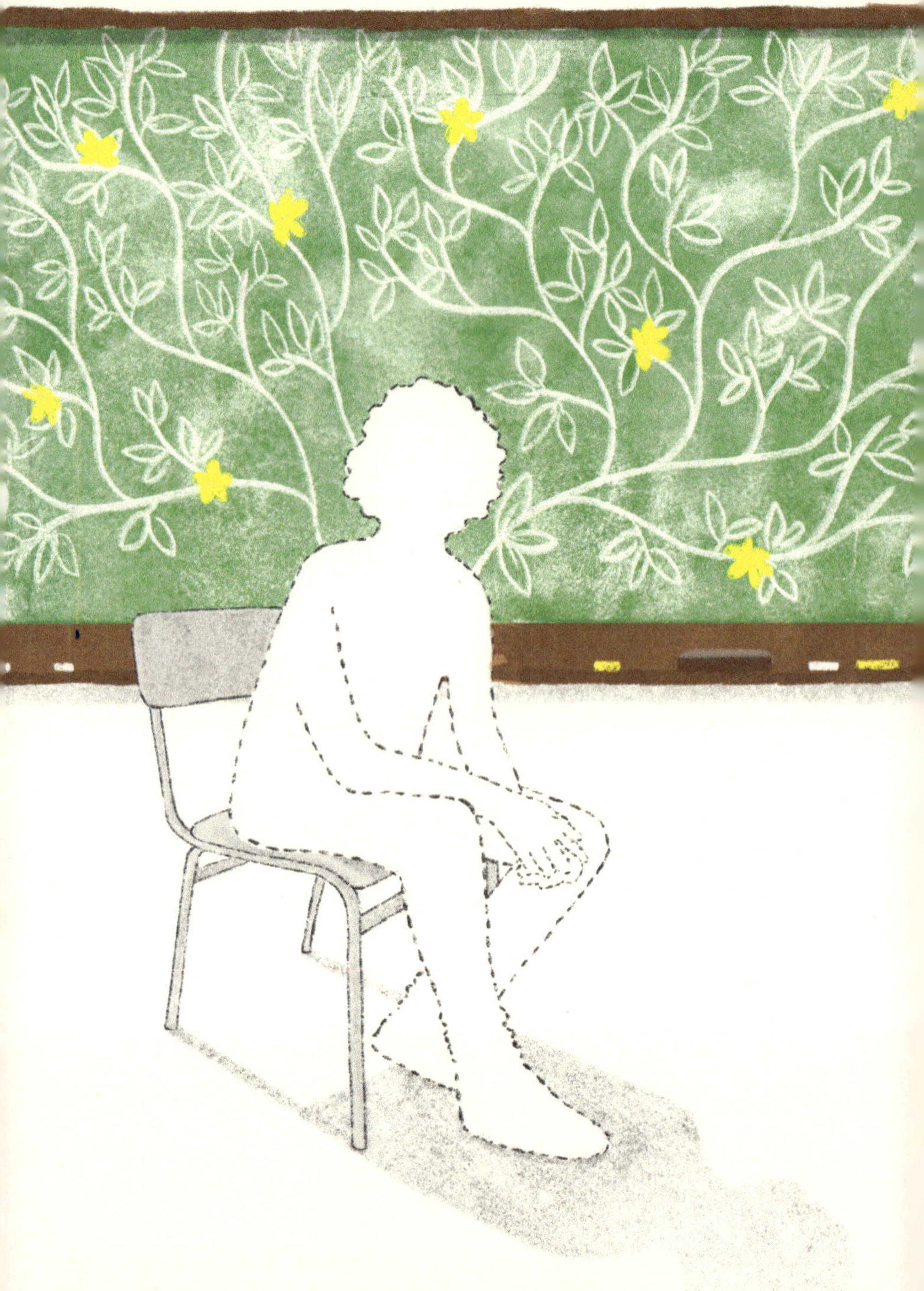

CONTE A SUA HISTÓRIA

E você já mudou algo na sua escola? O que você precisa mudar?

Temos certeza de que, além das 21 histórias deste livro, há centenas de outras por aí. Quem sabe elas podem inspirar outras e outras. Se você tem uma história de transformação da escola, conte para nós nas nossas redes sociais ou mande um e-mail para

central@queronaescola.com.br

Nossas redes

facebook.com/queronaescolaapp

instagram.com/queronaescola/

twitter.com/quero_na_escola

Quem somos

Cinthia Rodrigues
Quando eu tinha 11 anos, minha professora pediu uma redação sobre a escola dos sonhos. Lembro de sonhar com salas temáticas, com poder escolher os assuntos que queria estudar e andar de patins pela escola. Ganhei um prêmio com essa redação e saí no jornal da cidade, mas não mudei minha escola. Cresci, me tornei jornalista e continuei escrevendo sobre educação. Quando meus filhos, gêmeos, começaram a ir à escola, defendi um conselho mirim desde a Educação Infantil. Paralelamente, criei com a Luciana, a Luísa e a Tatiana o Quero na Escola, para que os estudantes dissessem sempre o que queriam. Com o tempo, percebi que muitos achavam que jamais um aluno mudaria a escola. Foi por isso que comecei a reunir os exemplos deste livro: para mostrar ao leitor ou à leitora que estudantes podem transformar suas escolas.

Luciana Alvarez
Eu era aquele tipo de estudante quietinha, que tirava boas notas e obedecia a todas as regras, por mais absurdas que fossem. Algumas delas eu achava ruins, mas nunca ousei sair do *script* que me era passado. Precisei voltar a pisar numa escola já adulta, como repórter de educação, para ver como é bom quando há alunos que ousam criar e se expressar livremente. Precisei me tornar mãe e sentir que meus filhos, tão diferentes de mim, jamais se encaixariam em moldes estritos. Precisei participar da criação da ONG Quero na Escola para entender que todos os estudantes merecem ser ouvidos. Terminei a escola há mais de 20 anos, mas continuo aprendendo com ela. No processo de escrever este livro, tive grandes estudantes como mestres.

Fernanda Ozilak

Na escola sempre fui a pessoa que ficava desenhando no canto dos cadernos, dos livros, às vezes, até na própria mesa, confesso. Era das que esperavam pelas aulas de Arte, mas também tentava caprichar nos gráficos e nos esquemas das aulas de Ciências, Biologia, Geografia... Minhas amigas e eu gostávamos de teatro e tentávamos colocar "ceninhas" em todas as apresentações que podíamos. Tudo era uma desculpa para distribuir papéis e decorar falas. Aliás, é com essas amigas que conto até hoje para seguir em frente com meus projetos de ilustração e de vida. A escola foi para mim um ponto de partida fundamental de onde tiro o que sou. A oportunidade de desenhar um projeto com iniciativas tão incríveis de estudantes é um privilégio que nunca imaginei que teria. Meu "eu" de 20 anos atrás estaria gritando de felicidade.

Este livro foi composto nas fontes Aleo e Montserrat Alternates e impresso em papel Pólen Bold.